U0653848

感受世界名城细部丛书

TOKY

我还是喜欢东京

带你感受城市细节

穆知　赵斌玮　编著

上海交通大學出版社
SHANGHAI JIAO TONG UNIVERSITY PRESS

内容提要

很多人不明白的一个问题是，为什么很多不喜欢日本的人，到了东京之后就喜欢上了这座城市呢？是啊，为什么喜欢东京？喜欢东京的什么？看了这本书，或许你会找到答案。

本书主体分两部分，第一部分由800多张细节图片及相应配文构成，分为垃圾分类、残疾人和母婴关怀、超市购物、洗手间、城市生活、道路交通、微笑服务、医院看病、责任制、图书馆、公共安全、料理文化、人性化设计共13个主题，全面丰富地展示了东京这座城市让人感觉温暖和便利的各种细节。第二部分“在日华人大家谈”，邀请了在国内最有影响力的在日华人作家，李长声、蒋丰、姜建强、莫邦富、张石、刘柠、唐辛子、亦夫、万景路等，以专栏文章的形式分享了他们对于东京这座城市细节的感受。

本书图文并茂，视角独特，形式新颖，对东京城市细节进行了最全面客观的呈现。一方面可作为想要了解日本文化的读者或游客的休闲读物，另一方面也希望帮助读者朋友从细节知日，理性对比反思，学习、借鉴、改变、超越，让我们自己的城市生活也更加美好。

图书在版编目(CIP)数据

我还是喜欢东京 / 穆知, 赵斌玮编著. -- 上海：上海交通大学出版社, 2016
ISBN 978-7-313-14417-1

Ⅰ. ①我… Ⅱ. ①穆… ②赵… Ⅲ. ①东京–概况 Ⅳ. ①K931.3

中国版本图书馆CIP数据核字（2016）第012926号

我还是喜欢东京

——带你感受城市细节

编　　著: 穆知　赵斌玮
出版发行: 上海交通大学出版社　　地　　址: 上海市番禺路951号
邮政编码: 200030　　电　　话: 021-64071208
出 版 人: 韩建民
印　　制: 上海锦佳印刷有限公司　　经　　销: 全国新华书店
开　　本: 710mm×1000 mm 1/16　　印　　张: 19
字　　数: 108千字
版　　次: 2016年4月第1版　　印　　次: 2016年6月第3次印刷
书　　号: ISBN 978-7-313-14417-1/K
定　　价: 49.80元

序

上海交通大学出版社社长
韩建民

与名城谈一场恋爱吧

——写在《感受世界名城细部丛书》首本书付梓之际

一、缘起

关于这套《感受世界名城细部丛书》的缘起，要追溯到2003年春天我在剑桥大学做访问学者的日子。那三个月，我切身体会到了什么是“走一步就踩到历史，回回头都是文化”的感觉。到发达国家旅游，看看名胜古迹，只是第一个层面，而第二个层面则是感受她的细部。剑桥的建筑、街道、小桥、操场，哪怕是修车、购物、餐饮、开关等细节，也都别有趣味。我记得当时有个《寻萨达姆启事》，实则是变相反对西方国家攻击伊拉克的，极其精巧。在英国的书店，养花类图书占据了很大面积。凡此种种，不一而足。

对于一个人与城市来说，如果把走马观花似的旅游比作是握手和寒暄的话，那么关注细节就是双方间真正意义上的拥抱和交流。我感觉对当今的中国读者来说更需要的是与世界名城细部之间的碰撞与交流，这种感受和体验是甜蜜而深刻的。

细部往往有三类：卡文迪什实验室里卢瑟福用过的桌子之属，此之谓第一类——历史的细部；第二类是生活的细部，如剑桥有些十字路口红绿灯的"Push it"按钮，行人要过马路即按下，无人过马路则车辆通行无碍，这是现代化的细节，东京也有不少类似的地方；第三类就是修养的细部、文明的细部，其代表的不仅是现代文明，比如刀叉如何使用是尊重别人，等等。

作为礼仪之邦，第三类细部在中国相对发达，但又特别欠缺。中国农村保留着许多历史风俗和文化传统，但同时现代文明修养又有所欠缺。我们国家除了名胜古迹外，历史和生活的细部保留较少。当时我就有一个情结，要策划一套《感受世界名城细部》丛书，并在剑桥拍了几千张这样的照片做准备，遗憾的是由于工作太忙的原因一直没能如愿。

二、城市和人生

人生有三件快事，读书、行走和交友。到一个城市，就像邂逅一本书，而邂逅一座名城更像是交到了一位好友。第一天只能算是看看封面，停留一个星期则可以看到目录了，但是只有三五个月过后，才能算真正读了一遍。读书和旅行也有相似之处。可以把城市比作四个人，第一个是老者，向你讲述城市的历史，以及文学和城市的关系，等等。第二个是美女，一个城市的美无处不在，你必须深入交流、仔细体验，才能感受到她的气质和特点。不能仅仅是作为一个过客，只与城市挥挥手，而是要做城市的恋人，去与名城相恋相爱。世界上确实有许多值得你去爱一次的城市。第三个像警幻仙子，她可以将你带入太虚幻境，超脱尘世、心旷神怡，感受清新的自然之美、体验磅礴的世界之巅。第四个像是破旧市场的小贩，从他的吆喝中，你能够呼吸到这个城市的世俗快乐和市井气息，其实这也是连着历史的，更是非常醉人的。人文、情感、自然、世俗，这是一个城市可以赐予你的四重境界和享受。

三、说说东京

我去过东京两次。第一次是参加东京书展，给人的感受是非常舒适。东京毕竟属于东亚文化圈，中国人去了更加适应。东京最讲细节。住宿、饮食、出行的细节，都高出我们一些，尽管我们是生活在现代化的上海。记得当时我和斌玮在书展上发现《万物简史译丛》这套书，就更加体会到了这个城市对“枕头”、“食具”等细部的尊重。东京是一个让人感到温暖的城市，是一个让人还想来第二次的城市。第二次去东京，在有些时刻我感觉像是回到了我们的宋朝，从房间的布置、服务员的装饰到灯饰，到立春还要吃春芽，等等。这就不但是现代化的舒适，也能感受到他们对文化的尊重和保护。

意义在于过程，幸福在于回味，请你尽快行动起来去感受世界名城的细部吧，去真正与名城谈一场甜蜜而深刻的恋爱吧。

对于本书，易文娟和赵斌玮两位编辑投入了大量的精力和真挚的感情，感谢他们在东京做了一个实验，帮我们实现了策划出版《感受世界名城细部丛书》的初步夙愿。他们很优秀，策划这套书对他们的成长也是一种锻炼。我相信他们今后能够做得更出色。

目　录

目　录

247

在日华人大家谈

后记二则

姜建强

日本《中华新闻》主编，腾讯·大家专栏作者，曾任东京大学综合文化研究科客座研究员，致力于日本历史和文化的研究。

草丛中央倏地跳出一只蛤蟆

—— 何谓细节？

阒无人息。我们仿佛来到了一个神秘的国度。

或许是岑寂的夏夜，木屐踏过板桥的声音；或许是门外的雨滴，哗哗地淋在油纸伞上；或许是青梅带着沉重的声音掉落下来，诱发着奇妙的哀愁；或许是细雨蒙蒙，粉尘般散落在道路口的红灯和柳树上；或许是短夜梦醒，蓦然传来杜鹃的鸣叫声。

竹笛的音韵，女人头上的花梳，还有提灯、妆奁、漆画、螺钿。当然还有金丝梅、芙蓉花、花李树、小米樱等楚楚可爱的富有日本风情的花瓣儿，也都湿漉漉地开放在梅雨期里。突然，草丛中央，倏地跳出一只蛤蟆。一个感性概念的日本，一个灯火阑珊的梅雨期的日本，浮现在我们的眼前。

原来，这块土地的风物，整体上并非单纯得难以捉摸，而非常适合用纤细的线条加以表现。

因为非常适合用纤细的线条表现一个感性的日本，所以这反过来又养成了日本人对细节的迷恋。早在1000多年前，就有一位温婉美女，这样玩弄她所发现的细节：枯黄的葵叶，女儿节的器具，在书中发现那些夹杂着淡紫色或葡萄色的绸绢碎片，去年用过的蝙蝠扇，月光明亮的夜晚，下雨好觉无聊，找出往昔的书信阅读 —— 这些细节表示的是对往事的怀念。而在洁白的檀纸上，用很细很细的笔致，写上诗词，河里木船顺流而下的模样，织绢用的精选的丝线，两股都打得很紧 —— 这些细节表示的是让人愉快的事。

这位温婉美女，就是清少纳言。而《枕草子》则是细节日本的经典文本。

芥川龙之介有短篇小说《诸神的微笑》。为了传教噢如噶提来到日本。在噢如噶提的面前，日本的土著神 —— 展露老人的身姿。使噢如噶提感到惊讶的是，传到远东列岛的“支那老人”、“印度王子”都变成了日本的诸神。老人对噢如噶提这样说：孔子也好，释迦也好，无一例外都变身成日本的神。基督之神“泥乌须”（デウス）也不例外。我们存在于树木中，存在于浅川的河流中，存在于吹拂蔷薇花的风中，存在于残留在寺壁的夕明中。无论何时何地都有我们的身姿。按照老人的说法，日本古来之神是宿营在森罗万象中的泛泛之神。

万物有灵，万物有神，就会发酵出敬畏的心情，这是否就是日本人总是毕恭毕敬，要想把万事做好的宗教前提？“日日是好日”这句唐代高僧云门禅师的禅语，之所以深受日本人的喜爱，其逻辑的前提就是你必须日日把事情做好。

再是圣洁之人，也要如厕。但问题是如何使如厕圣洁呢？

在这方面，日本大作家谷崎润一郎就非常有心得了。他曾经在二楼蹲下如厕。当从两腿间向下窥视时，看到了让人目眩头晕的下面河滩上的泥土、如茵的野草、菜地里盛开的油菜花、纷飞的蝴蝶、往来的行人 —— 他说，在这样的环境里如厕，一切都是那样的美好。于是他认为厕所“必定要设在绿树浓荫和苔色青青的隐蔽地方，有走廊相通。人们蹲在昏暗之中，在拉窗的微弱亮光映照下，沉醉于无边的冥想，或者欣赏窗外庭院的景致”。真可谓妙不可言的“厕所论”。

虽然从现实看，白瓷的亮丽和光洁，以及所带来的一览无余的抽水马桶，也就是说如厕的西洋化，是谁都难以撼动的，但是谷崎对如厕的专念，对如厕的幻想，倒是启迪了日本人。他们在此基础上，又生出新的专念与幻想。如谷崎曾设想在小便池里铺满青绿的杉叶，不叫有哗哗的声响，而现在日本人则在厕所里播放音乐，以此来遮掩尴尬的如厕声。原来日本人在这块“圣地”，专注打造如厕的细节，这个源，可以追述至谷崎润一郎。这位烦恼于和式和洋式之间的文化人，一边爱用白色的水洗便器，一边不能抑制对往昔如厕的乡愁；一边赞美西洋女子的白色肌肤，一边以松子夫人为最爱。对西洋的憧憬和对日本的乡愁，始终困扰着谷崎。但恰恰是这种形而下的感性直觉的困挠，还原成了日本人观念中的精细主义。

松浦弥太郎，这位《生活手帐》杂志的主编、书店的经营者，原来还是一位专注细节的文笔家。他在《日常的每一天》一书中写道：昨天也好，今天也好，明天也好，总有不变的东西。这个东西就是细节。他在《信的原则》短文中说，写信的时候，特别是用圆珠笔写信的时候，笔压不要太重。文字太重连带着威压感，会给对方产生负担。写信的原则就是不让对方困惑。所以字要慢慢地写。

谁会在意下笔的笔压？谁会在意读信人的心理负担？但日本人注意到了。

川濑敏郎，这位当今日本插花界最有人气的大师，在其《四季花传书》（杨玲译 湖南人民出版社）中设问：如何点亮古旧民具的一抹秋色？

插花家川濑说，为了表现深秋幽静的景象，我用了梅花草的一枝小花，并充分展现它那细长的茎线。在灯具上插花，可把那里当作是点火之处。火光纯洁无瑕，所以与色彩艳丽的花相比，白色的花更适合。花数也要控制，如果仅表现那种一点火焰随着幽静摇摆的情景，一朵花就足够了。在秋天的长夜里，一边想着火的温暖一边眺望着灯具上的花，那样的夜晚真好。

原来，答案是用细节点亮古旧民具的一抹秋色。

有的时候，不需要用言语便能感动人。

有的时候，一个动作就将你牢牢记住永不忘。

在超市购物，日本人收银员总是在你将要转身离开的时候，合掌于胸前，身体微微前倾，轻轻地道声：ありがとうございました。仿佛是与你道别，更仿佛是期盼与你再见面。哪怕你只买了一瓶80日元的伊藤园的绿茶，这个动作也不会省略，更不会因敷衍而走形。要说温馨，这就是温馨。要说感动，这就是感动。

有人会说，这是她们的机械动作。但正是因为是机械动作，我们才刻骨铭心，我们才眼睛一亮，哦，原来在至上的服务中还有这个细节可以把玩。

日本人一直到老，都保持着孩童般的观察力。比如会有这样的一个场面，一对夫妇在饭后不紧不慢地散着步，这时候妻子突然惊喜地说："啊，你看地上那井盖，是不是很像奥利奥饼干？"这时候，身边的丈夫也露出一脸欣喜："啊，真的呢！"

这正如日本著名服装设计大师山本耀司说过的一句话：即将离去的女人的背影，既让我伤感却又让我感到无与伦比的美丽。对于遥不可及、追无可追的女性之美，也许让我又有一种背影情结。

有一个小小的甚至不为历史学家们注意的细节 —— 1844年中美《望厦条约》签订后，中国代表以仁义之师不需利器为由，拒绝对方赠送的火炮模型和军事书籍。而据目睹日本开国的罗森在日后的日记中记载，1854年《日美和亲条约》签订后，幕府代表愉快地接受了美方赠予的电话、照相机等各种“奇技淫巧”。后来日本对这些“奇技淫巧”加以研究，不久就用在了军事上。

同样是兵临城下，中日两国对待形而下的“器”和“技”以及对待异国文化，表现了完全不同的心态和思维。这个小小的细节，对日后历史的影响却是大大的。

日本人是从最卑微庸俗中创造出最为崇高的幽玄之美的民族，是从最朴素的原始性衣食住行中孕育出最高度的文化感性的民族，是作为最具现实性的实用主义者，同时又是最喜好风雅趣味的民族。庸人与诗人，本色人与文化人，实用主义与唯美主义，和平主义与尚武国民的民族。一切都充满了二律背反的不可思议的民族。那么现在的问题是，是否也能从这个不可思议中寻找注重细节的因子？

在飞机快要起飞的时候朝窗外看，日本机场的地勤工作人员会向所有将要起飞的飞机鞠躬，挥手送别，并祝祷一路平安。这不是做戏，而是诚心诚意的。这从到位的动作上看得出来。如果是假惺惺做戏的话，动作会走样，会滑稽，会不自然。

在奈良，鹿群在过马路。马路两边是安静等待鹿群通过的车辆。没有鸣笛，没有催促，更没有强行通过的。为了防止发动机惊吓鹿群，前排司机会等鹿群完全通过后才踏踩油门徐徐向前。

一块纸尿布，未用时，平常无奇。一旦尿湿，一道彩虹图案就会出现在婴儿的小屁屁上。这个小细节提醒大人们宝宝该换纸尿裤了；另一方面“雨后彩虹”的幽默也让养育婴儿的家庭，常有机会开颜一笑。多么的巧妙，多么有幽默感！

一只杯子，握在手掌中，其手感如何？弯曲成什么样的弧度才是最舒适的，这是设计的关键。一双筷子，包装纸上印什么字，用什么字体方能凹显食物的品味？一处房间用多少盏灯？挂在哪里才是最适当的？今晚酒店床上放置的问候语，选哪一首诗句会让在这里住到第三天的客人感到心旷神怡，并想继续入住？

新潟的鱼沼大米是日本最有人气的大米之一。5千克装，封闭在一个塑料袋里。买的时候，超市会再给你一个塑料袋装进去，便于拎回家。但前两天去超市买米，发现它在自身的袋子上，设计了很结实的作为把手的东西，也就是说可以不用超市的塑料袋便可直接拎回去了。厂家在袋子的左右上角贴出一个醒目的标记：让我们从削减塑料袋，开始ECO吧！

看似是少用了一个塑料袋。但这种从企业做起的行为，就是追求低碳生活的一个细节。对企业来说，成本要上去，因为要特地做个把手出来，这需要技术和材料。企业自觉地承担这笔费用，没有转嫁到消费者身上，因为大米的价格没有变。

小是美好的。这是日本人美学原点，也是日本人生活原点。

日本文化学者芳贺绥这样说过：日本没有西伯利亚的原野，没有美国西部的大平原。日本的地形富于微妙的变化。日本妇女的衣服总是在细微之处用心，即便是建筑的一根柱子也要花上几十年的功夫打磨修饰。《万叶集》里的山，少有峻岭险峰，多是亩傍山、香久山、耳梨山，低矮但有玲珑之美。《竹取物语》里的“竹妃”是个三寸大的小姑娘。一寸法师和桃太郎，是日本民间故事中的英雄，但他们的身高只有几寸长。日本的俳句是5-7-5的排列，用十五音节，将广袤的宇宙，变化的四季融入其中，属于世界上最短的诗。中国的“美人病来遮面”的团扇，传到了日本被改成可以缩小的折扇，平安的贵族女性，拿在手里把玩戏闹。此外，便当文化，文库本文化，盆景文化，寿司文化，卡拉OK文化，无一不是感怀于瞬间之美，无一不是感怀于巨细之事。

纤小必定细腻，细腻必定寄怀，寄怀必定物哀。日本人的美学诞生了 —— 细节的美学；日本人的生活哲学诞生了 —— 细节的生活哲学。

日本也叫“手之国”。

说这话的是日本民艺学创始人柳宗悦。他早在半个多世纪前，就写有《手工艺的日本》一书。他说日本的工艺品，木制的漏斗，土烧的陶罐，竹编的簸箕，无一不是利用天然材质，经人之手巧妙加工而成的。他还说，手与机器的根本区别就在于手总是与心相连，而机器则是无心的。所以手工艺作业中会发生奇迹，因为那不是单纯的手在劳动，背后有心的控制。

所以日本人非常看中手。手的词汇也非常丰富。诸如“上手”（优异）、“下手”（笨拙）、“手堅い”（扎实）、“手並み”（本领）、“手柄を立てる”（立功劳）、“手本にする”（当范本）。此外，还有“読み手”（读者）、“書き手”（作者）、“聞き手”（听

者)、“騎り手”(骑手)等,几乎都是用动词加上“手”来表现人的动态。逻辑的连带性在于,一个“手之国”,必然是在万物中注入了“心情”、“心意”、“心绪”,万物也就有了“心情”、“心意”、“心绪”,从而更富纯粹和实用之美。

其实,日本茶道的“一期一会”,通往的也是要将万事做好的逻辑大道。无论是品茶还是品空间,无论是探寻历史还是淡然消暑,无论是拥抱自然还是感受时间,茶室里惜情惜缘的涌动,写意出的是一个“寂”字。夏季的中午时分,酷热与蝉噪,冬季的夕暮时分,飞雪与鸟鸣,“心景”中的一期一会,期待的是时光的倒流、青春的再现。一生中同样的光景不会有第二次,所以要好好珍惜当下才是。

这种观点也许是来自佛教中对“诸行无常”的领悟,或者是日本自古多地震,人们习惯了生死离别而产生的一种人生态度。一期一会,让品茶附上了宗教色彩。经历一个完整的茶道仪式,就好比是一场宗教活动,是对自我精神上的一个完善和提升。完善和提升完毕之后,你将再度回归于世间之中。只不过你这次的回归,会将万物万事对象化、宗教化,万物万事也就会以细节的性格,感动万千人。

全球超过100年以上的企业，日本占了3000多家。公元578年，在日本诞生了专营寺庙木工建筑的金刚组，此后历经40代，成为目前世界上最古老的企业 —— 1437年。具有1437年的一家公司，不倒闭，不重组，不上市，堪称世界企业史的奇迹。这个奇迹是怎么来的呢？日本人在一个桐木箱内发现了一份珍贵的手稿。那是1801年第32代首领金刚喜定在“遗言书”中立的家训。总共16条可分为四大内容：一是须敬神佛祖先，二是须节制专注本业，三是须待人坦诚谦和，四是须表里如一。原来还是在神佛面前的纯粹和一根筋，使他们被历史永远镌刻。

什么叫一根筋？有一个车站的出口处，“出口”用几种语言标示。但“出口”的日本语，繁体汉字和简体汉字都是一个写法。而在这个指示牌上除了英语和韩语不一样之外，“出口”被写了三次。这在从汉字国出来的中国人看来，不是有点傻乎乎的一根筋吗？但恰恰是有点傻乎乎的一根筋，将日本送上了受人膜拜的地步。更有1400多年的企业，还在枯木逢春。

日本铁路公司和歌山电铁在2015年6月24日宣布，该公司下属贵志站的猫咪站长小玉已于6月22日死去。享年16岁，相当于人类的80岁。死因为急性心力衰竭。小玉从2007年开始当猫咪站长，作为动物明星迅速走红。为亏损的家乡电车线路带去了大批乘客。和歌山电铁社长小岛光信表示，小玉将作为永久的名誉站长流芳百世。和歌山电铁于6月28日12时30分，为站长小玉举行了葬礼。

日本人为什么会喜欢猫的呢？这使我们想起谷崎润一郎的散文《慕猫》。猫被主人呼唤名字，当它懒得“喵——”的一声回答时，就默默地摇摇尾巴尖儿给你看。伏于廊缘上，很规矩地蜷起前爪，一副似睡非睡的表情，迷迷洋洋，正在美美地晒太阳。——发声是很麻烦的，而沉默又有点不近人情，用这种方法作为答礼，意思是说，你唤我，我很感谢，但我眼下正困着呢，请忍耐一下吧——一种既懒散迟滞，又善解人意的复杂的心情，通过简单的动作，极其巧妙地表现了出来。

哦。原来善于发现细节的日本人，发现了猫具有善解人意的复杂心情。而这正与日本人的日常行为相符合。日本人也是带着善解人意的复杂心情，将万事做好做细。

包裹上收件人的个人信息怎样隐藏？泡澡时怎样玩弄手机？上班族担心自家的狗饿了怎么办？在雨天怎样解放双手任性一把？老人、小孩和手不灵活的人怎样轻松拧开瓶盖？爱喝啤酒的朋友怎样享受啤酒沫的美味？洗手泡沫也能变身“米老鼠”吗？如何使袜子既能保暖也能直接擦地板？眼镜能薄如书签吗？既是手杖又是雨伞的可能性存在吗？这些都是生活中的细节吧。而能想到这些细节、解决这些细节的只有日本人。

果然，日本文具制造商推出了一款加密涂改带；东京一家公司推出了能在泡澡时帮你稳稳拿住手机的创意产品；日本智生活研究所推出了解决小狗用餐的“点心球汪滚滚”；日本THANKO公司推出了可以绑在肩上的新型雨伞；日本生活日用杂品公司推出了神奇的电动拧瓶器；日本玩具厂商推出了便携式超声波啤酒起泡器；日本东方乐园公司与花王公司合作，推出了能喷出米老鼠形状的洗手泡沫；日本清洁用品厂商推出了清洁袜；眼镜专卖店Zoff（佐芙）日本推出了仅为1.8毫米的超薄镜片；日本Sanko公司推出了像英伦绅士手中的手杖但雨天又能当伞用的时尚手杖。

我们始终有一个不明白的问题是：为什么原本不喜欢日本的观光客，到了日本后就喜欢上了日本？喜欢日本的什么呢？

是啊，喜欢日本的什么呢？看了这本书，答案或许就出来了。

日本的清洁就是从点滴中诞生的

垃圾分类的细节

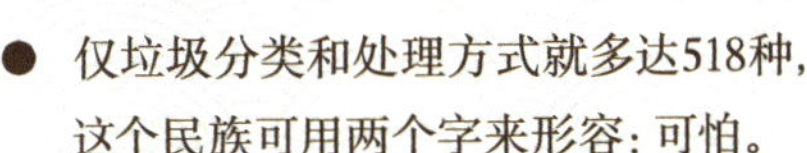

- 仅垃圾分类和处理方式就多达518种，
  这个民族可用两个字来形容：可怕。

- 新干线7分钟剧情，向世人展示的是极致与严苛。

- 口红属于可燃物，但用完后的口红管则属于小金属物。

- 仅有一只袜子属于可燃物，
  但如果是一双且没有穿破，
  则可升级为旧衣料。

- 带刺或锋利的物品，
  要用纸包并写上“注意”二字再放入垃圾袋。

- 你看，日本连丢垃圾都宛如一首诗：
  —— 风中的纸屑

分別ゴミ箱

垃圾分类箱

报刊杂志　玻璃瓶

罐头　塑料瓶

塑料袋 各类纸质咖啡杯

这不是虚设

日本人会自觉遵守

扔出自己手中的垃圾

上野公园看樱花

垃圾分类见功夫

里面的一个个大袋袋

既结实又好用

再重再有棱角的垃圾

都不能使它破碎

看来环保

还要有技术

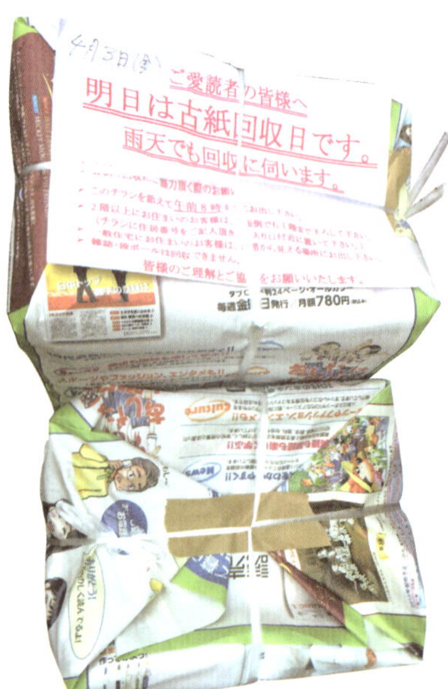

ごみの日

将捆扎的旧报纸放置于家门口
会有专人来回收
回收后　会有两卷卫生纸
放置于你家的门前
作为对协力回收旧报纸的感谢

古紙回収

这是回收旧报纸的车
它会停在订阅报纸的人家门前
将捆扎好的报纸放置车上
而纸板箱内
则是回赠给订户的卫生纸

这一天

是专门回收塑料容器

的垃圾日

将每袋垃圾

放置于规定的地方

时间绝对严守

爱地球　爱儿童

回收塑料瓶盖和易拉罐拉手

并将这笔资金

作为世界儿童保育疫苗的基金

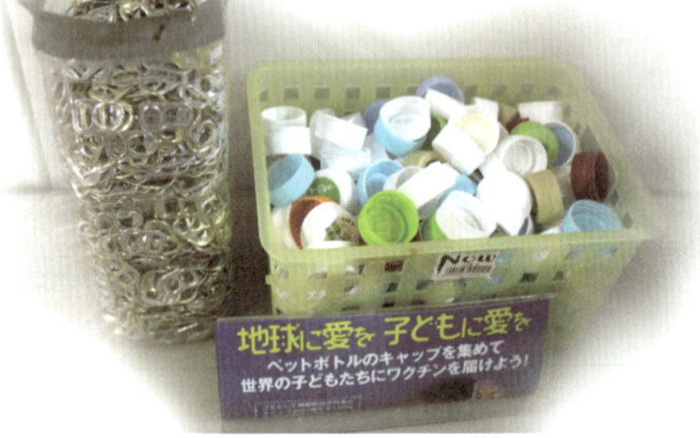

自動販売機

这是一辆

补放饮料瓶罐的专用车

它的有趣性在于

车顶上是从每台自动贩卖机

回收的空瓶空罐

这是东京都千代田区
一处垃圾堆放所
张贴着垃圾回收表
周一：可燃垃圾
周二：塑料类垃圾
周三：不可燃垃圾
周四：可燃垃圾
周五：资源垃圾
周六：不回收

伞袋回收機

雨伞机的功用在于
不仅能将长长的雨伞
包裹得到位得体
而且在你逛完商场回家
随手可将塑料袋
扔进右侧的回收机内

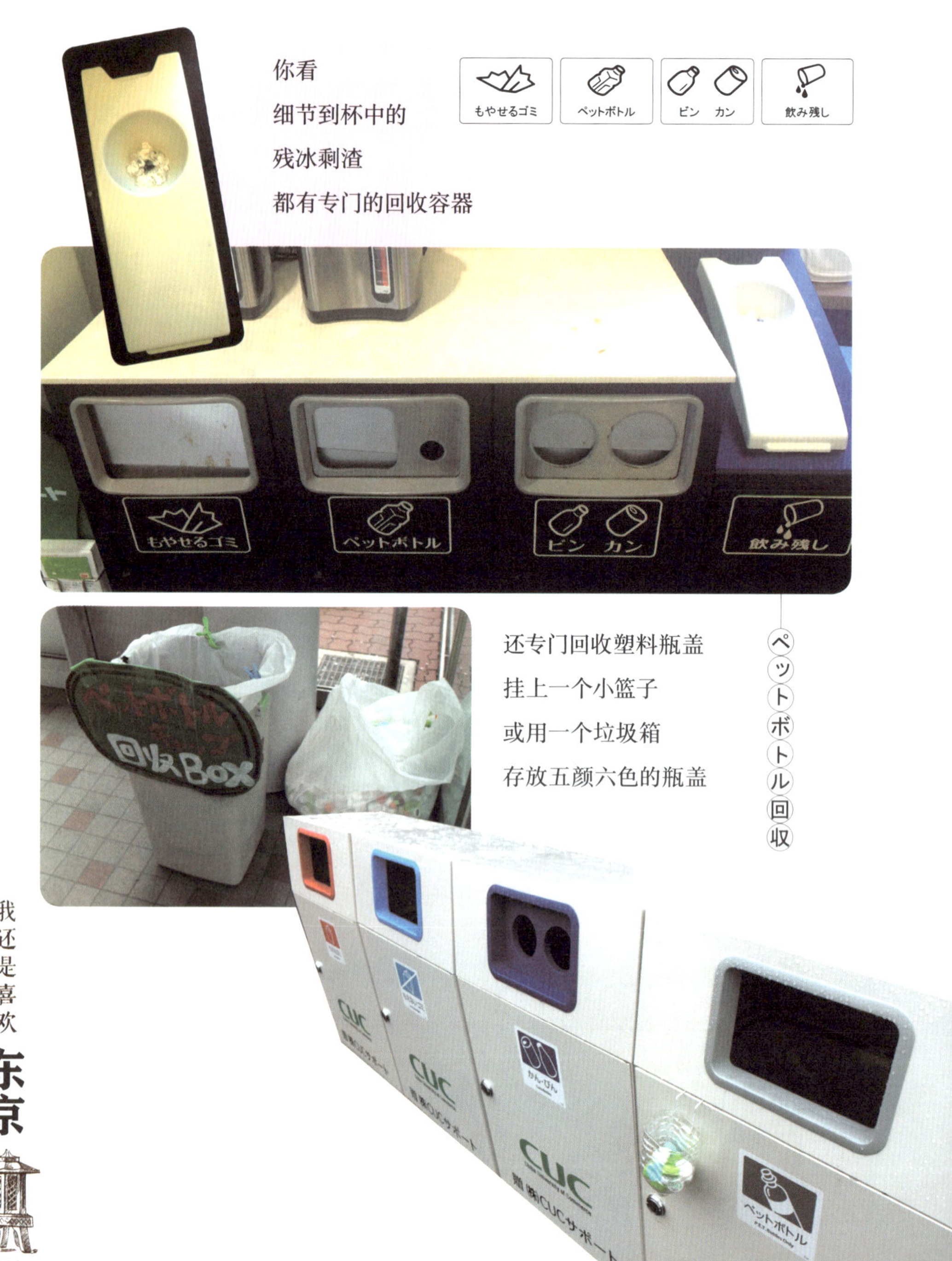

你看
细节到杯中的
残冰剩渣
都有专门的回收容器

还专门回收塑料瓶盖
挂上一个小篮子
或用一个垃圾箱
存放五颜六色的瓶盖

ペットボトル回収

用网兜将露天的垃圾袋罩住

怕的是乌鸦用尖嘴啄开垃圾袋觅食

左边 是冲洗龙头

垃圾提走后将地块冲洗干净

日本的清洁就是从点滴中诞生的

环保全靠自觉 有时也会遭遇抵抗和尴尬

因此外在的一种压力

有时就是环保意识的催化剂

这种外在的压力就是法律

你看 日本也张贴这样的警示:

不法投弃是犯罪 有谁发现了请拔打 110

不法投棄は
犯罪です
見かけた方は
110番通報
してください

東京都第四建設事務所
警視庁 巣鴨警察署

垃圾袋扔进去
自动地翻卷再扔进去
再自动地翻卷
垃圾处理即告完成
看左侧的车胎
是那样的一层不染
要知道
这是台垃圾车呀

ゴミ収集車

这垃圾车的左侧
是功用分明的按钮
推进 正转 押进 反转 停止
一切都在掌控中
不差分毫

牛奶纸盒上 画有详细的攻略图
教你如何将纸盒扯平回收再利用
先冲洗 再扯开 然后晒干
要命的是还要晒干
真的是有挑战极限的感觉
会有人按照这个程序做吗
当然有

残疾人和婴儿的笑容总是最灿烂

残疾人和母婴关怀的细节

- 残疾人能成为福神，只能在日本。
- 日本七福神之一的惠比寿，就是神话中最早的残疾人。
- 残疾人是这个国家的王，是这个国家的最大。
- 那一条条凹凸的黄色盲道，通往的是人的心灵深处。
- 对婴孩的细节关怀，让你准备好的挑剔都没法用上。

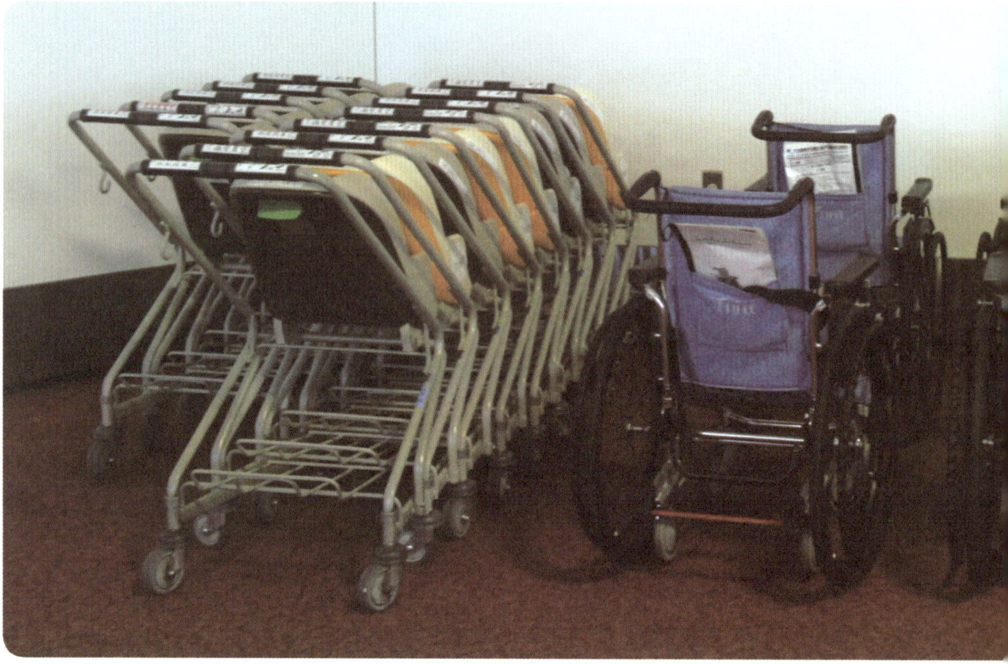

商场里配有婴儿车和残疾人轮椅

轮椅大小不一

考量到了胖瘦有异的人群

地面上“优先”两个大字 就是文明与文化的大写

所以 在日本 残疾人和婴儿的笑容总是最灿烂

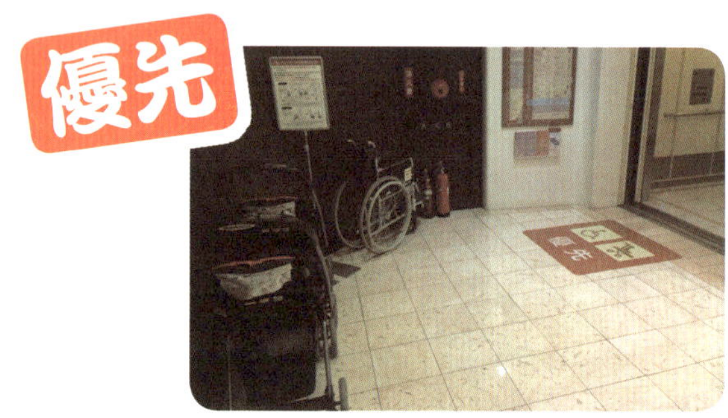

ベビーシート

再小的料理店
也必备婴儿座椅
做工细腻质量上乘
摆放得恰到好处

エレベーター

电梯里的盲文
并不是装模作样的装饰
具体化到每个楼层
具体化到转乘线路
再具体化到紧急事态发生时
盲人该怎么做

电梯里　两侧低低的扶手
最先考量的　还是老弱病残
那左上角的反光镜
则将电梯内的状况　反射给每位乘客

自動券売機

地铁自动售票机

盲文的价格表设计在

最易可触碰的位置

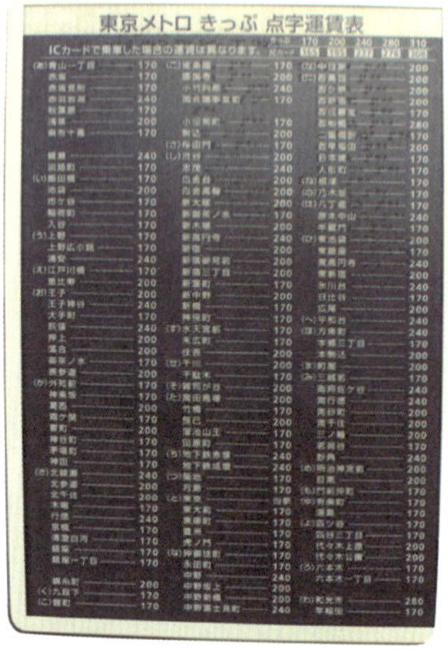

老弱病残孕优先

请大家协力

这是乘电梯的优雅

我还是喜欢

东京

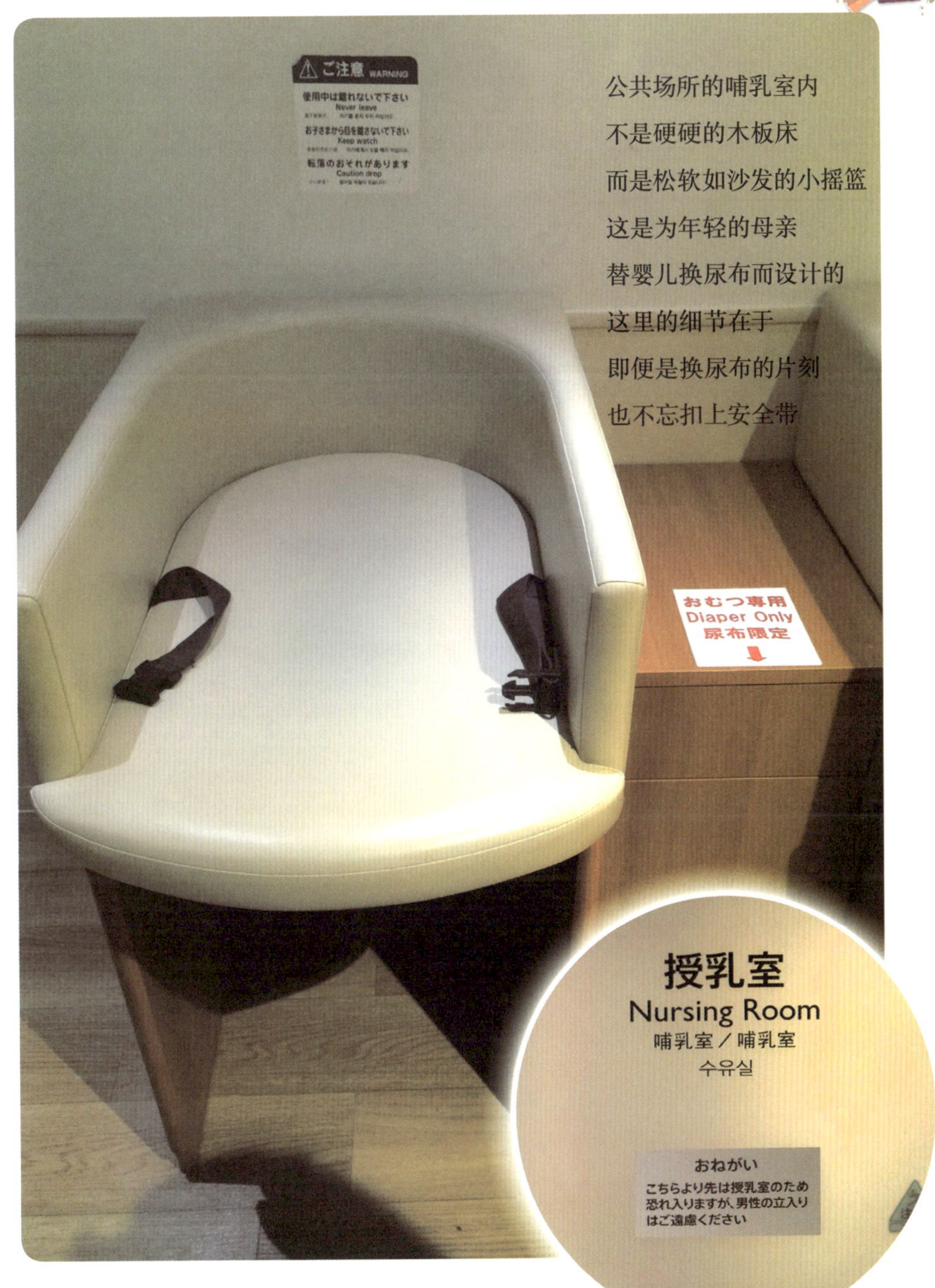

公共场所的哺乳室内
不是硬硬的木板床
而是松软如沙发的小摇篮
这是为年轻的母亲
替婴儿换尿布而设计的
这里的细节在于
即便是换尿布的片刻
也不忘扣上安全带

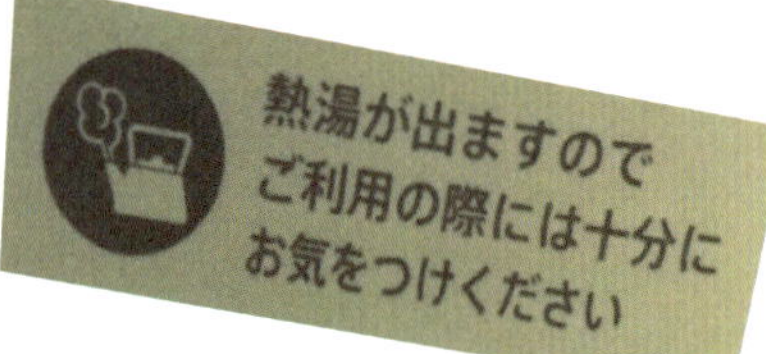

要调奶粉　没有热水怎么办

看　这就是调奶粉专用的可调节净化热水器

不过　它再三提醒你小心烫伤

还用中文表示“热水按钮”

这是卫生间婴幼儿的临时座椅

带孩子的爸爸妈妈如果要如厕了

就可把小孩先放在这张椅子上

利用墙边三角

即不占空间也有安全感

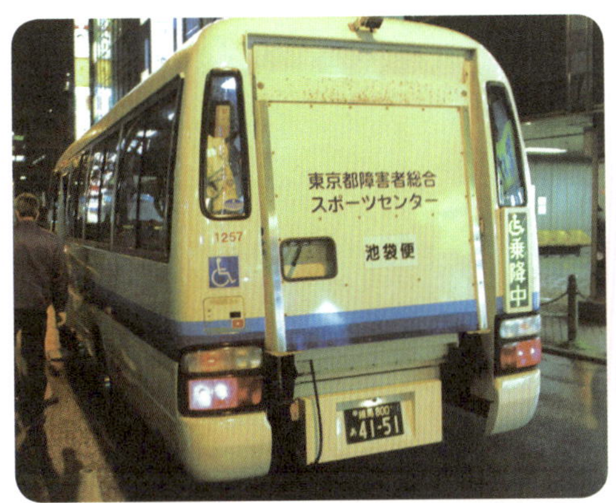

这是迎送残疾人的专车

看 升降中的残疾人

笑得多欢

那是因为

总是有人将她

视为上帝

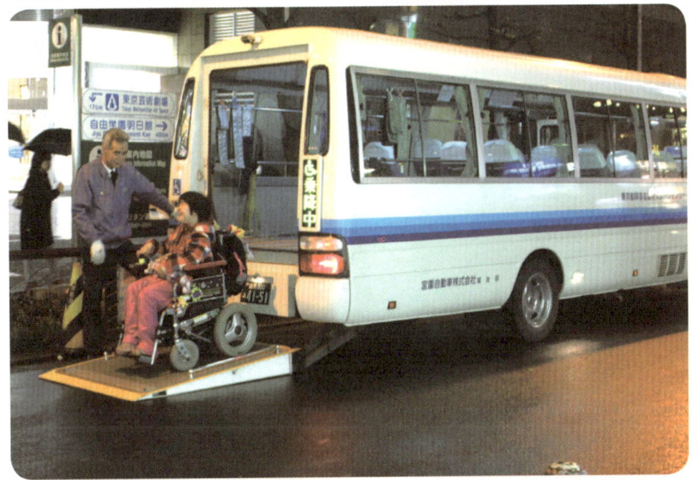

授乳室

哺乳室内
隔成一个个小间
每个小间
带有轻拉的布帘
尽管是母亲专用
但隐私还得保护

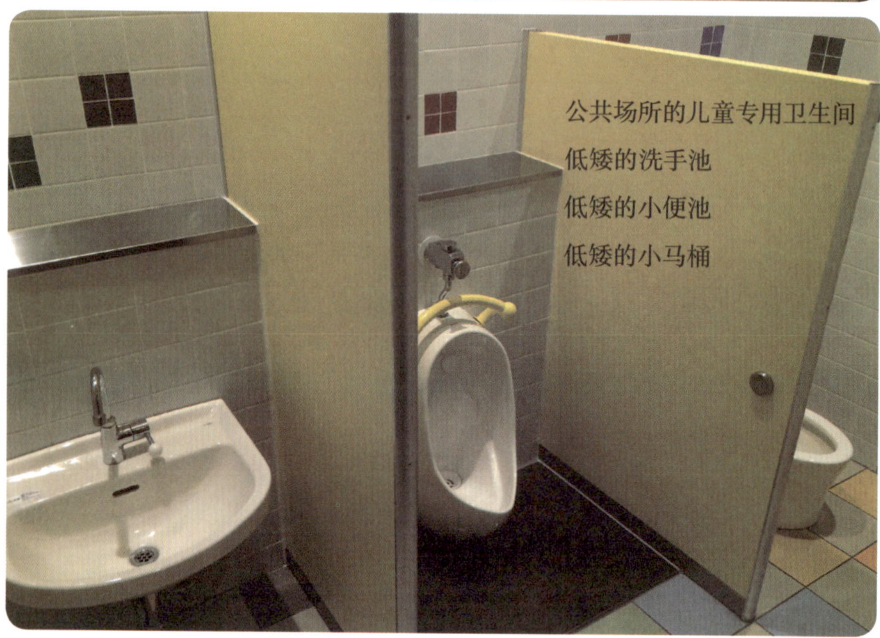

公共场所的儿童专用卫生间
低矮的洗手池
低矮的小便池
低矮的小马桶

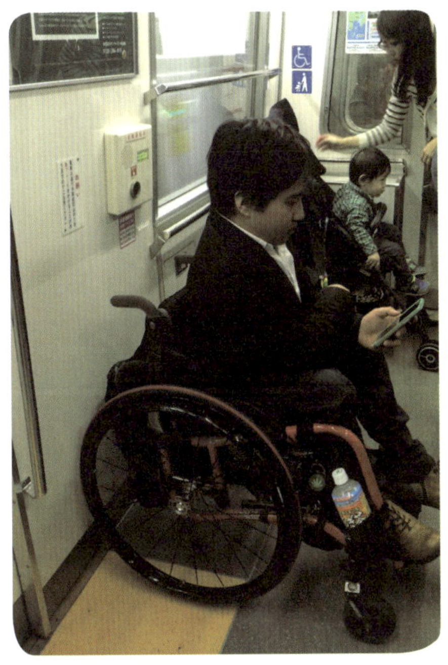

在地铁车厢里

辟出轮椅和婴儿车的专用区域

看 残疾人在玩手机 旁若无人

车厢再拥挤 与他无关

因为 他是这个国度的 王

優先席

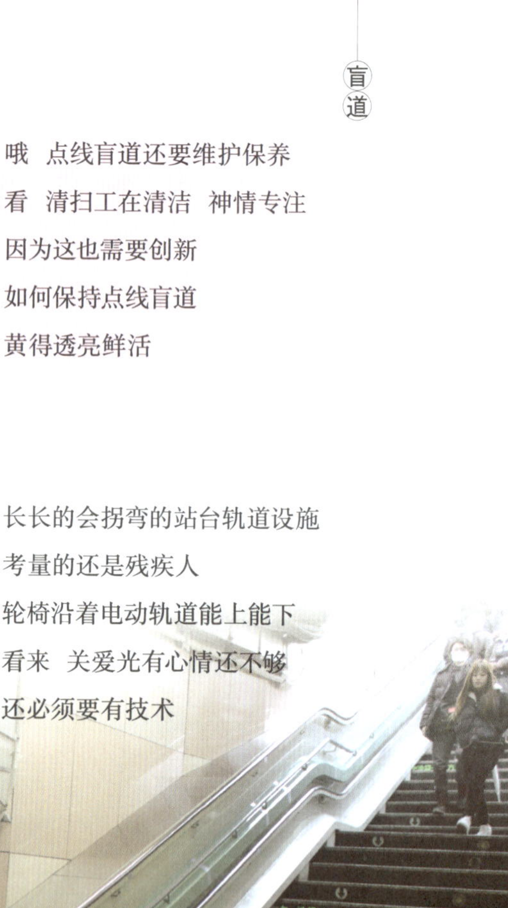

盲道

哦　点线盲道还要维护保养
看　清扫工在清洁　神情专注
因为这也需要创新
如何保持点线盲道
黄得透亮鲜活

长长的会拐弯的站台轨道设施
考量的还是残疾人
轮椅沿着电动轨道能上能下
看来　关爱光有心情还不够
还必须要有技术

长方形的电话线井盖上
更是将鲜艳的点线条
铺设得精准到位
与路面点线条的连接分毫不差
这是工匠们对残疾人注入的爱心

黄色点线条是盲人的通道
就连小小的井盖上
也都铺设了半圆的点线条
匀称　妥贴　爽心

这四小块点线盲板
是干什么用的
哦　是为了提醒盲人该拐弯了
为此还善意提醒健康人
点线板上不要堆放东西
这是盲人专用的

条条点线盲道

通往站台口

通往车厢口

通往卫生间

通往电梯前

通往巴士站

绝无遗漏　不留空白

所以　在日本的盲人

可以畅通无阻地走动

児童の食事

商场里有儿童用餐专属区域
桌面低矮　坐席用料考究　即柔软又舒适
童车也有专门停放处
年轻的爸妈们　都能自觉遵守
不将童车推进用餐区域
免得造成拥挤伤及他人

餐厅门口

没有残疾人

寻求帮助按钮

所有的细微之处

都已想到做到

这里没有漏网之鱼

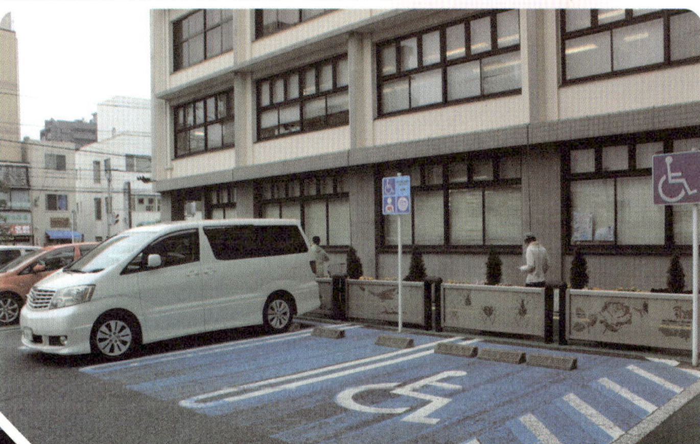

障害者専用駐車場

公共场所残疾人专用停车处 标示清晰醒目

没有人会占用这个位置

即便周边停满了车

残疾人的位置还空着

空着 就让它空着——这就是素质

公衆電話亭

公共电话亭

也为残疾人着想

电话放得低矮

边上有扶手

尽管现在实用性并不高

但作为城市你必须有

因为这也是城市文明的一个标志

收银员女孩的『奇异』手势

超市购物中的细节

- 超市服务的精髓：
  使自己渺小再渺小，使对方高贵再高贵。

- 一天要鞠躬2000余次的电梯小姐，
  因为上帝常在她们的心中。

- 如果你走了10分钟还没有发现便利店，
  可以肯定的是这不是东京。

- 连一把指甲刀都有自己的芳名，真是萌倒一大片。

这是青森产的富士苹果

可看性在于商家标明了苹果的糖分度

一般甜（不满 12 度）

稍甜（13 度）

非常甜（14 度以上）

小番茄　松菜　香菇　蒜头

刚刚收获完毕

产地直接送往超市

保证了新鲜度

那么　这面宣传锦旗是否会假

哦　不会的

如果这样的话　超市就会关门

買い物かご

店门前的购物筐

为什么上面的几个要斜搁起

原来　为了便于进门的顾客

更顺手　更舒适些

这个购物筐为什么是黄色的

原来　里面放置的物品都已付款完毕

可以放心地拿出店外

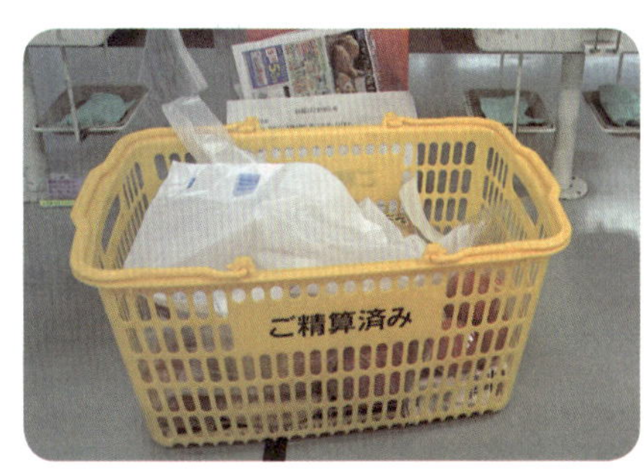

保冷用冰

超市里的制冰机免费供应冰块
保证你购买的生猛海鲜
到回家为止都是新鲜的
你看　还挂了一个勺子
挂了一卷保鲜袋
多细心

超市的用心无所不在
你看　还设有免费的冷藏柜
买了生鲜食品
若还想在超市闲逛购物的话
就先存放于冷藏柜
这也表明日本人对生鲜这个“质”很执着
其执着的背后是人的健康意识

保存袋

免费供应保鲜袋

下面放置的小湿手巾用来干什么

原来　用手指沾一下

能更快地打开保鲜袋

还准备了透明胶

用于保鲜袋的封口

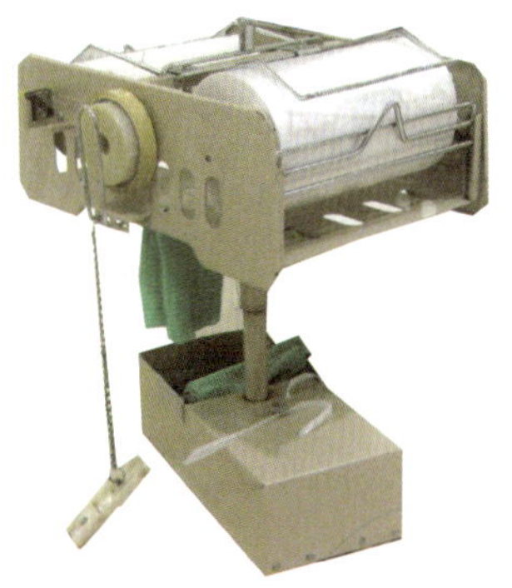

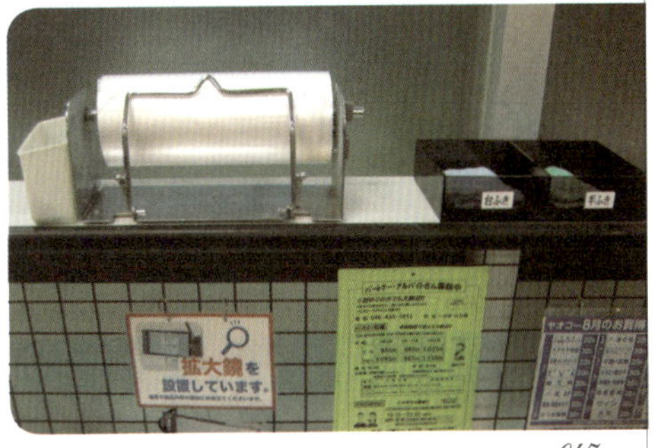

超市休息处还供应纸杯咖啡
左面是各种奶糖佐料

超市还向客人提供免费的纸板箱
超市进货的纸板箱
完好无损地开箱后
供有需要的顾客取用
你看　右上角还备有粘胶纸
供同时拿两三个纸板箱的客人用

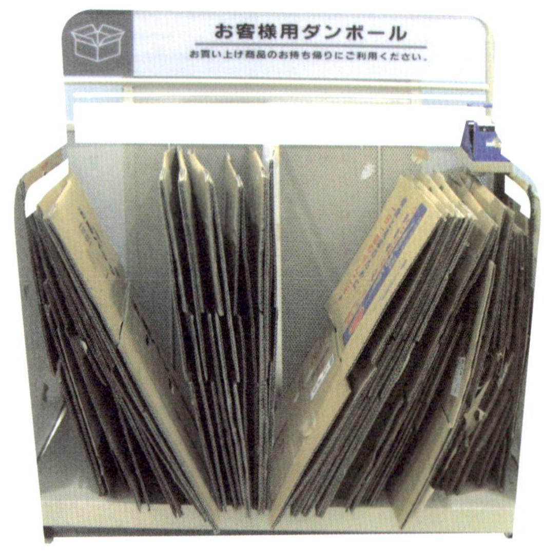

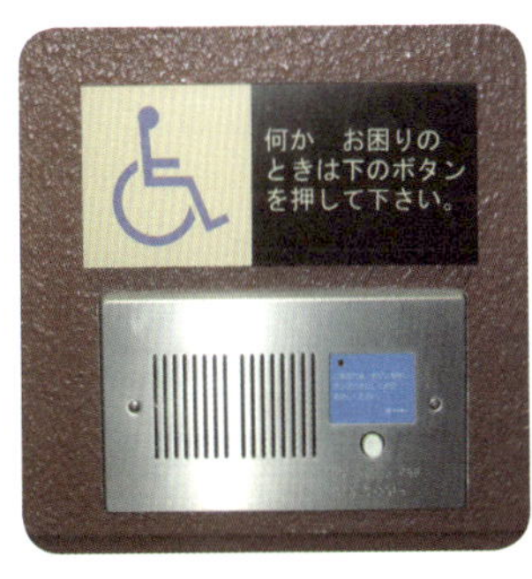

在超市的门口设有对话器
遇有需要帮助的时候
按钮一下
就可以和店内人员对话求助

入口处放置的
购物筐和购物盘
给人的感觉是干干净净
没有一丝污迹

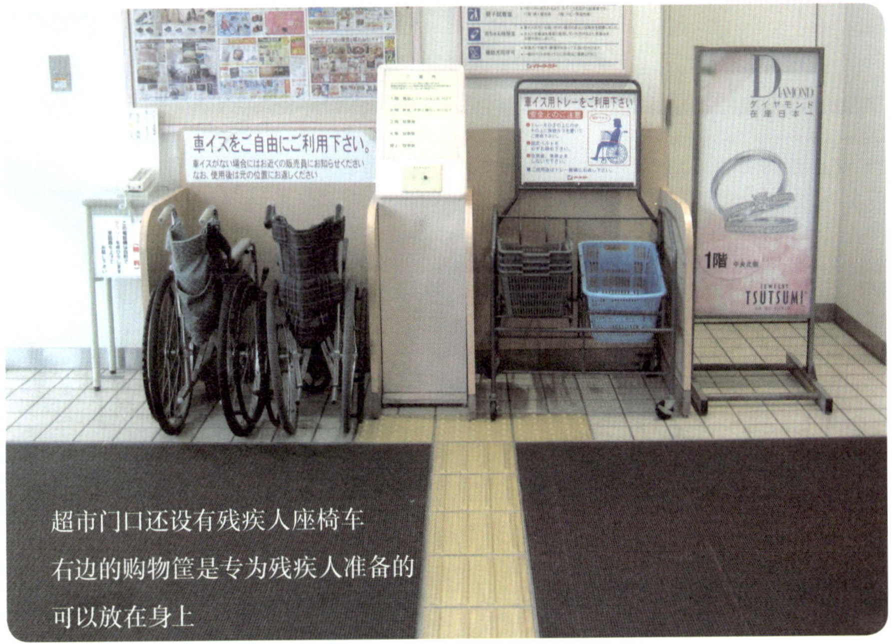

超市门口还设有残疾人座椅车
右边的购物筐是专为残疾人准备的
可以放在身上
左边的电话是用来预约出租车的
拿起话筒就直通出租车公司了

走进超市 引人注目的是

六个干干净净垃圾桶的排列

左起第一个放置牛奶纸盒类

第二个放置发泡塑料盒类

第三个放置塑料瓶类

第四个放置罐头类

第五个放置玻璃瓶类

第六个放置打印机墨盒类

这是超市听取顾客意见的

看板台

客人有意见或有想法

写在纸上贴在板上

店长绝对是有问必答

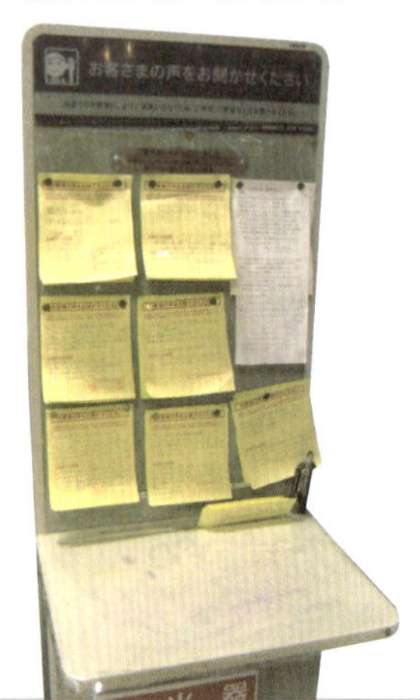

收完款之后的谢意

就在这双手合掌的一鞠躬之中

这一动作被标准化为

东洋魔女温柔术

百円ショップ

即便是百元店
也有购物后的整理台
台上必需品一个不缺

即便是百元店
也绝不会因为价格便宜
而放松对店堂美的追求
你看　店内色调温馨
货物堆放有方
地面干净得可以光洁照人

超市里还有微波炉和热水瓶 供客人使用

买盒饭的可以加热

买泡面的可以加水

日本人会文明使用

微波炉不会坏

热水瓶也不会坏

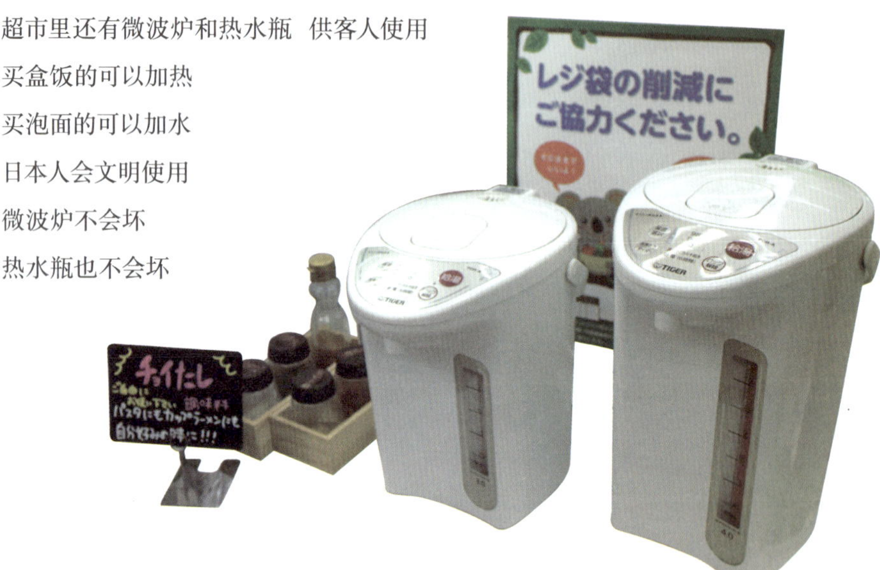

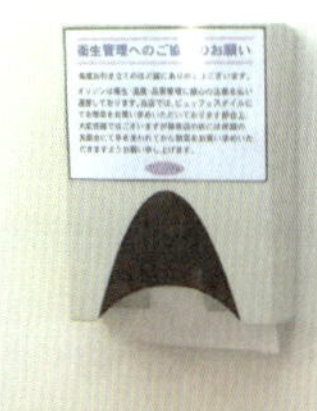

便利店里供客人使用的洗手处
放了两种洗手液供客人选用
左上方还挂了擦手纸

手洗い場

小小的洗手盆
但还不忘用绿叶装饰一下
这就是日本人纤细之处了

便利店还免费提供热水和加热
加热器上是一盒抽取式纸巾

自选熟食

配置了形状不一的塑料盒

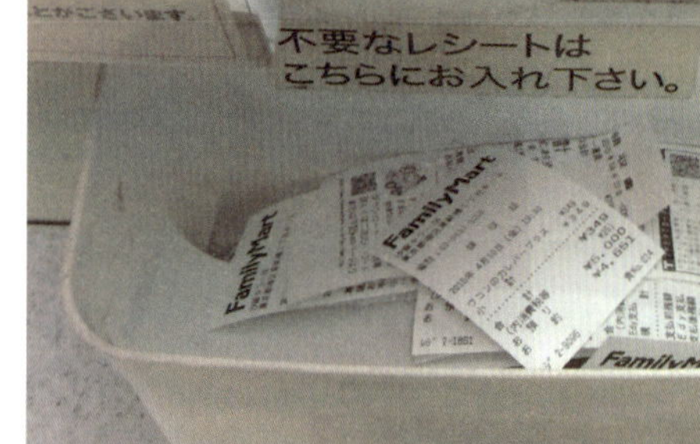

コンビニ

日本的便利店里

收款处的小盒子

是用来放置收银条的

处处为客人着想

复印机　印照片机　各类门票贩卖机

便利店的“三种神器”

特别是门票贩卖机

各种体育比赛票或文艺演出票

就连宫崎峻的

“三鹰之森吉卜力美术馆”的门票

都可以事先在这台机器上订购

コンビニ

便利店的厕所间
客人也可随意使用
更令人意外的是
厕所还免费对过路行人开放
残疾人座椅如何进入也都考虑进去了
着急的方便　或方便的着急
就在便利店了

便利店的收款处下端的白色小台板
不经意的小设计
是给客人放置手提包的
红色的是邮筒　在便利店也可以寄信

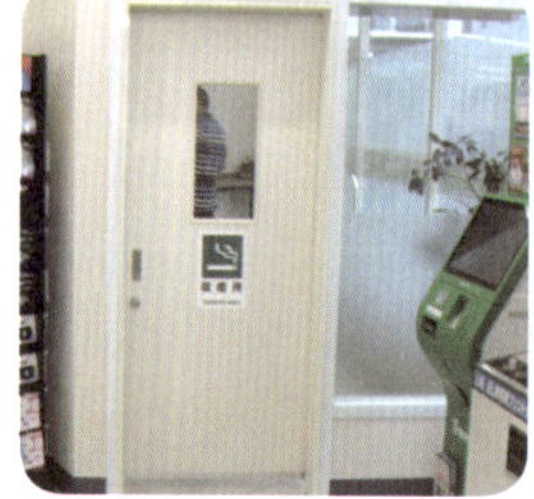

便利店甚至设置了吸烟室

炸鸡块 边卖边炸

并将一周的促销价写上

駅構内のコンビニ

这是日本 JR 铁道的天下

车站内的便利店 —— 新的每一天

统一规格 统一装潢 统一商品

你看 商品都放在店外

绝对不担心会有人顺手牵羊

全家便利店
左右上方悬挂的店名
从很远处就能看见
这是不经意的匠心使然

店の前の駐車場

罗森便利店　店门前停车场
这里不会发生乱停车
不会发生不进店就停车
也不会发生买一两件小商品
停半天车的贪图小利之事

收银处的小细节
提醒买烟酒的客人
你年满 20 了吗
如果店员要确认你的年龄
请你配合验指纹

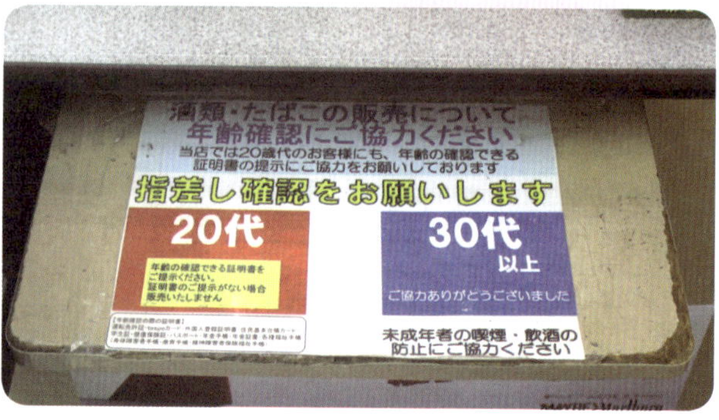

喝口水　小憩一下
不买东西也不要紧
便利店服务的外延是无限的

無料で提供

免费提供　糖水　奶精
砂糖　吸管　消毒湿巾
客人都自觉地按需取用
不会多拿 更不会带回家

洗手专用　精巧　实用
不见到处是水
不见到处是擦手纸巾
足可见使用者的素质

便利店的自动咖啡机
在收银处付款后可以拿到纸杯
然后自己取用
咖啡机对应纸杯的大小不同
右边是咖啡伴侣等配材
自由取舍
没人多拿　全靠自觉

便利店的小吃休息处
还提供免费充电插座
在智能手机的时代
这一招更深入人心
所以日本人都喜欢跑便利店

日本人最在意的一块『圣地』

洗手间的细节

- 万物有神的日本，也有厕神。

- 歌手植村花菜将《厕所女神》唱响红白歌会。

- 厕所的气味含有一种令人依恋的甘美记忆，是安神的最佳去处。

- 细雨丝丝，雨水滴滴。哦，厕所还可以用来冥想。

- 最可以歌赋风流的非厕所莫属——谷崎润一郎如是说。

- 花一万多人民币买个高科技马桶也算爱国情怀的话，那么在马桶上再设计一个细节，更属爱国情怀了。

公衆トイレ

洗手间 用日中英韩文表示

Logo 表示

有残疾人和婴幼儿专用的洗手间

车站内的多功能洗手间

洋式便器 和式便器

儿童用便座 儿童用小便器

洗手盆 婴儿座椅

各种标示清晰亮眼

一种对厕所文化的自信

女性在洗手间内化妆

多角度的镜子

放置行李的搁板

你看 连上了岁数的大妈

都在洗手间内化妆

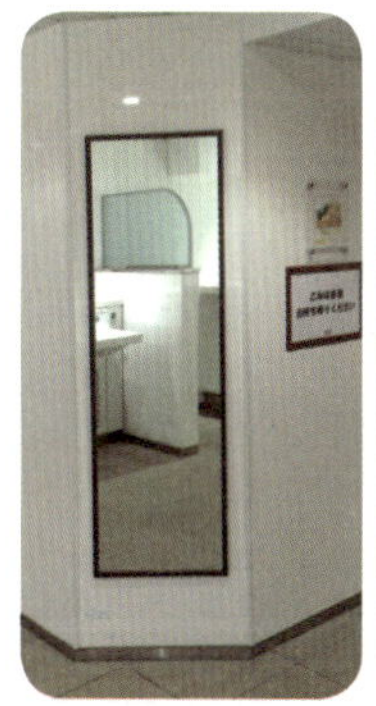

おむつ交換台

换尿布台

你看 设计得多么得体

高度 宽度 舒适度

连婴孩的小枕头都考虑到了

当然不可忘记的是安全带

哪怕只是一会工夫

只要躺下 就要紧扣安全带

而且用黄色表示 起到警示作用

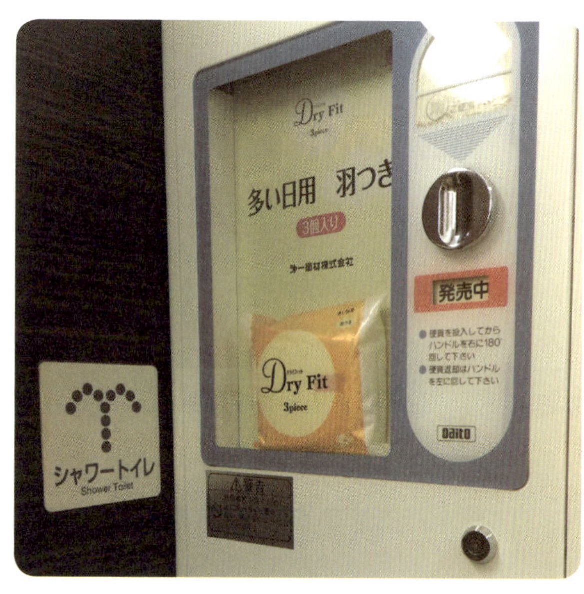

女性忘了带生理用品怎么办

不要紧

自动贩卖机有售

有的洗手间

还准备了免费的

“女性生理专用品”

哈哈 多周全

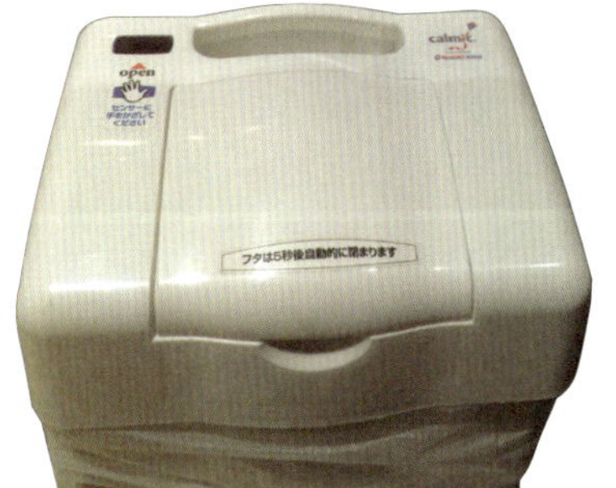

处理丢弃的生理用品箱

伸手靠近 盖子会自动打开

换下的生理用品

用纸包好后扔进去

会作消臭和除菌的处理

女性用トイレ

在女性洗手间里

还设有小男孩用便所

你看 妈妈带着小男孩正在洗手呢

高矮的设计恰到好处

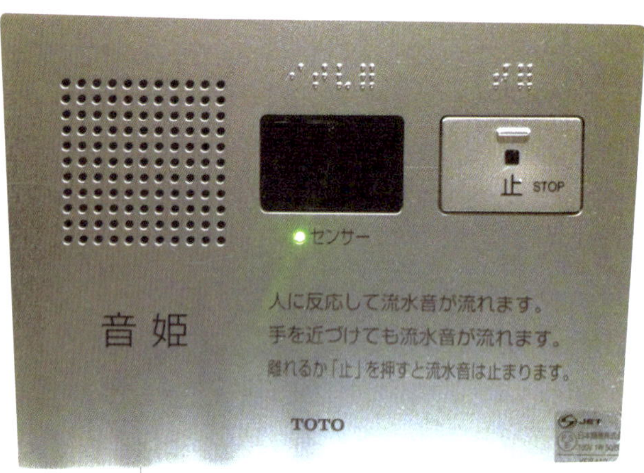

音姬

女性洗手间的特殊装置 —— 音乐之声

只要人体一靠近

就会发出流水的音响

人体一离开　音响就嘎然停止

绝对是技术与艺术的最高结合

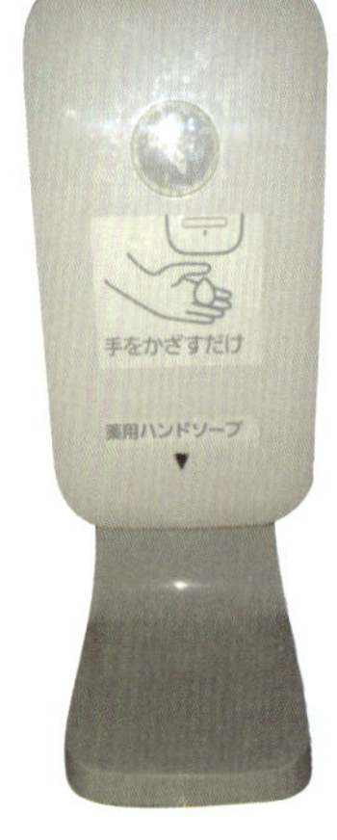

药用洗手液

只要手一伸

洗手液就滴在手掌心上

洗手盘的四周干干净净

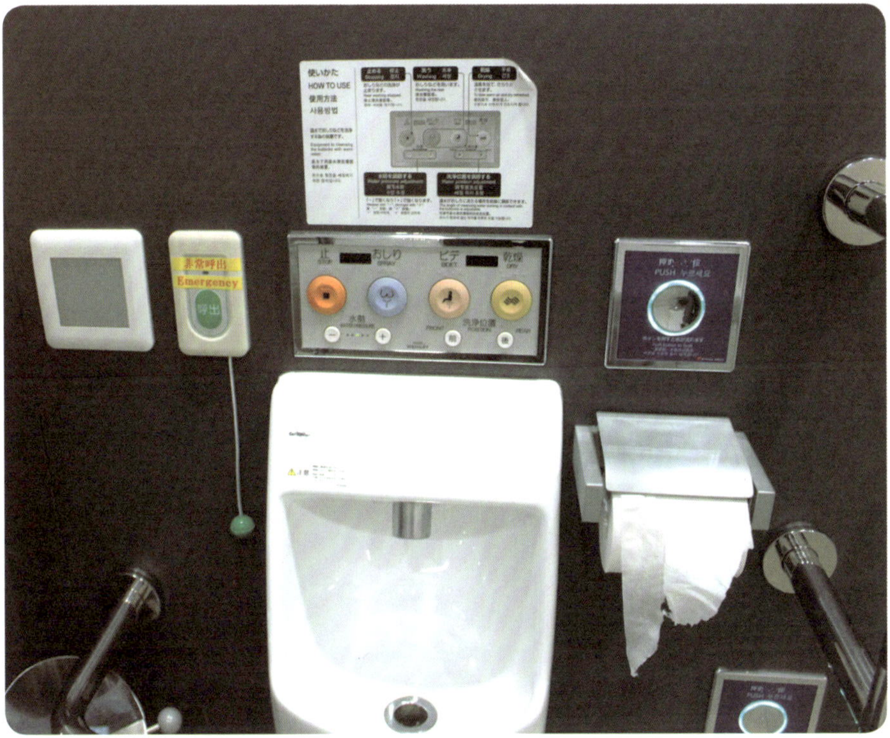

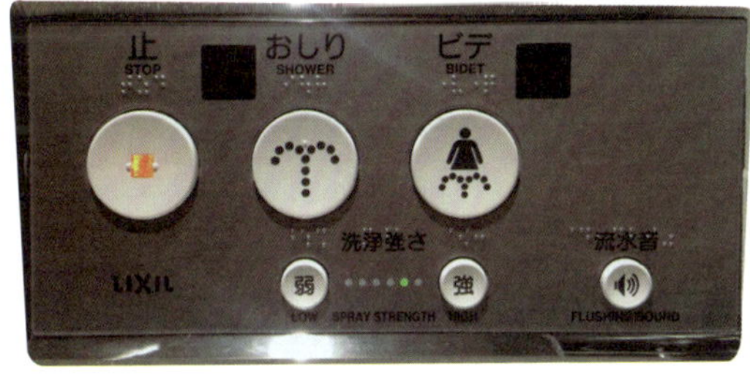

洗手间的各种标示

洗屁屁的 洗女性局部的

流水声 干燥 洗净的前后部位

使用时的强弱选择

当然都配有盲文

左边还有一个“非常呼出”的按钮

遇到不测时的紧急呼救

还有专门为肠癌患者洗净

而准备的设施

这是干什么用的?
原来是简易更衣台
脱下鞋 站在上面
换个裤袜之类
满足不同需求

洗手盆的右上方有个挂钩
可以挂包挂伞挂心情

洗手间左侧挂着小本本
这是每隔一小时的清扫记录
你看 4 月份的厕所检查表
都有检查者的盖章
认真再认真 仔细再仔细
所以有了我们得以赞叹的
日本的厕所文化

这就是用心了，非常的用心

城市生活中的细节

- 何为城市文明?
  不就是满足任何人的任何的任性要求?

- 粗糙当然是种活法，
  但是一个成熟社会必须提供粗糙与精致的两面。

- 科学家们说：一见钟情的瞬间只要0.2秒。
  那么，对一座城市而言呢?

- 一个精致化的社会，
  由温情牵引，由体贴维护。

引っ越し

搬家用的卡车
到了大楼前停下后
第一件事就是
在卡车的前后放置黄色的交通标示
“安全第一”是日本人做任何事的第一考量

卡车里卸下的是大小不一的毛毯
所有的家具都要包裹上
大楼的入口处和电梯内
也必须铺上塑料纸 以防碰撞

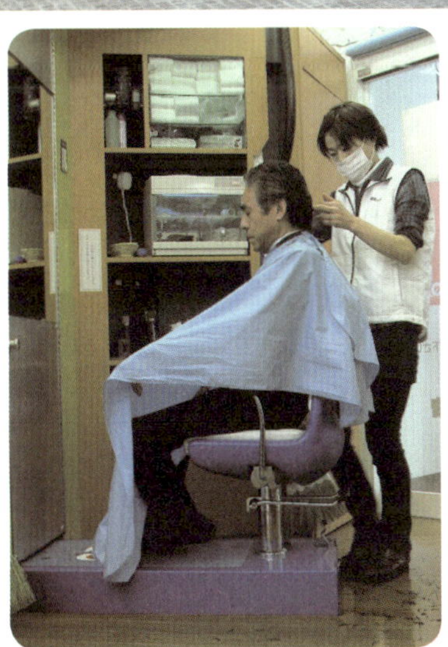

日本车站附近的连锁理发店
特点是两个均一：
10 分钟内解决问题
1000 日元
还有最大的一个看点是没有洗头设施
客人不洗头碎发怎么办？
不用担心 日本人用吸尘器的原理
开发出吸碎发的吸发机
图片上正前方的长长吸管
就是用来吸碎发的

都说在日本不用防犯小偷

你看 挎肩包开口这么大

即便是在电车里

也无须担心被盗窃

盗難

电车内 一位乘客的双肩包

右边的扣没有扣上

而左下方的小袋袋内

居然还插着智能手机

原来在这里

顺手牵羊是属于天方夜谭

在咖啡店或料理店

人可以暂时离开

但贵重品可以放在桌面上和座椅上

没有人会窥视后下手

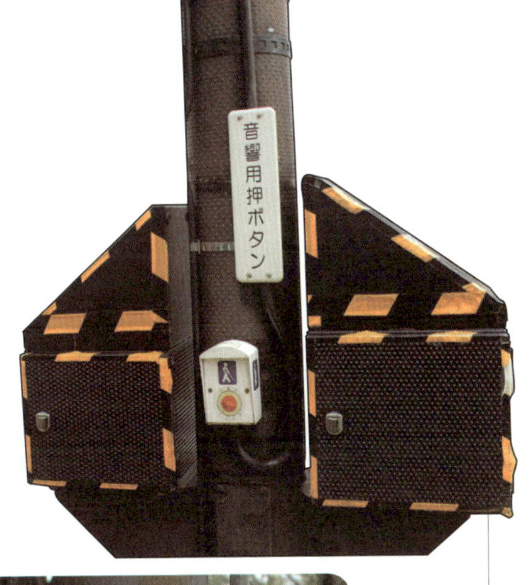

等红灯用的按钮

黄色的按钮是给正常人用的

白色的是给盲人用的

盲人看不见红灯变绿灯

但按下按键后会有音乐声

用音乐声的变化

感知红绿灯的变化

幼稚园的老师带小孩过马路
用绳子将他们连接
但小孩并不是抓绳子
而是绳子的每一段
都带有彩色的塑料把手
便于小孩抓握
你看 最前面的是个绿色圆盘
两边都可以当把手抓握
这里的看点在于
如仅仅是一根绳子 并不稀罕
关键是串上各种形状的抓手
这就是细节了 非常用心的细节

トロッコ

可以容纳 6 至 7 人的推车
小孩站立中间
可以晒太阳 可以看风景
问题是手推车的安全性
你看 颜色是带有警示的黄色
所有的把手都包有柔软的海绵
怕小孩碰撞受伤
而前车轮小于后车轮
是为了转弯的灵活可变

試着室

这是“头套”

用来干什么

原来 考虑到化了浓妆的女性客人

在试衣时 不至破坏妆容

将头部套上后再试穿新衣

这是“无印良品”用中文和英文制作的宣传画

这是一次性头套

用吸附的软质纸做成

放置在纸盒内　随手可抽取

站台上的座椅
搁板前面的半圆小孔是用来插伞的
考虑到了雨天
带伞乘客的便利

花粉予報

在日本对民众的信息公开度很高
看 这是4月份10天内的花粉预告
非常多
一目了然的标示
而后面几天的花粉信息
则告诉你哪天发表
如果要问什么叫宜居?
这就是宜居

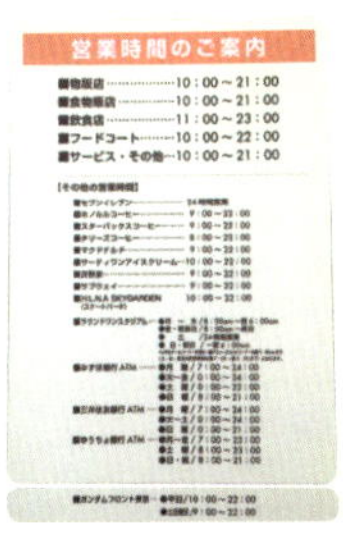

大楼内各个商店的营业时间表

连不同银行的自动取款机的服务时间

都标示得非常清晰

还有电梯的运营时间表

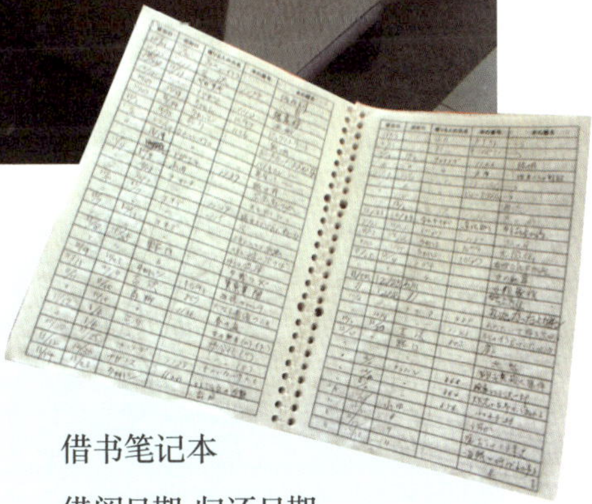

図書貸し出し

居住大楼的服务设施之一

图书阅读借阅处

没有图书管理员

全靠借阅者的自觉遵守

一户人家借二册

一个月内须归还

图书来源靠捐赠

借书笔记本

借阅日期 归还日期

姓名 书名和书的编号

每位借阅者都会认真地填写

銀行ATM機

这是日本银行的 ATM 机

前面的小搁板用来放置手提物

两边张贴的宣传画

提醒客人在存取的时候不要打手机

避免诈骗事件的发生

这一台 ATM 机的左下方

放置着银行的信封　供自由使用

当然不会发生全被拿回家的事情

再上面是紧急用的电话

拿起话筒一定会有人接应

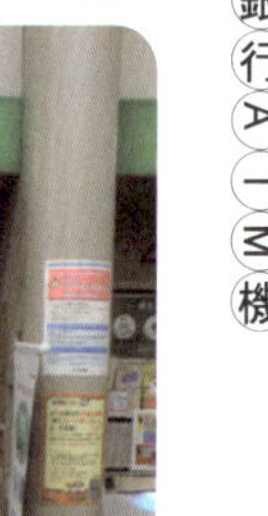

ATM 机的边上

放置了固定的计算器

那黄黄的半圆孔塑料

用于挂伞和挂手杖

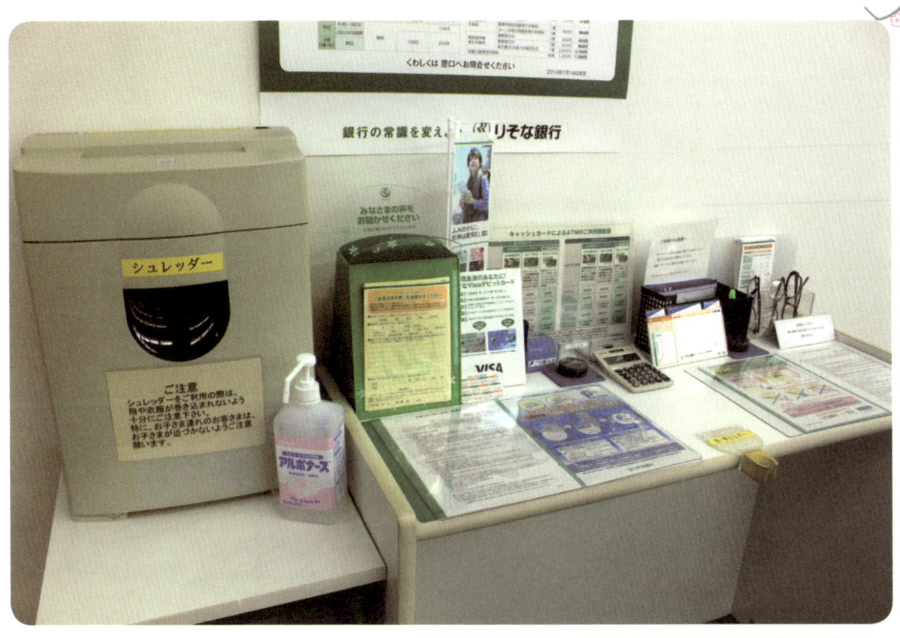

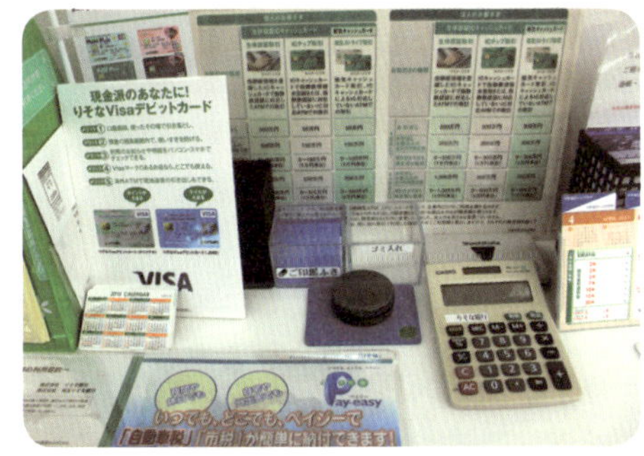

这是表格填写台

左边是年历片供自由拿取

正当中是图章印盒

印盒的左边小盒是擦拭图章红印的软纸

右边的小盒子用于放置擦拭后的软纸

再右面是各类老花眼镜

最为引人注目的是

左边放置的“シュレッダー”（粉碎机）

填写有错的表格

与地址和数字有关的小纸条

都可随手放进去粉碎

个人隐私得到了保护

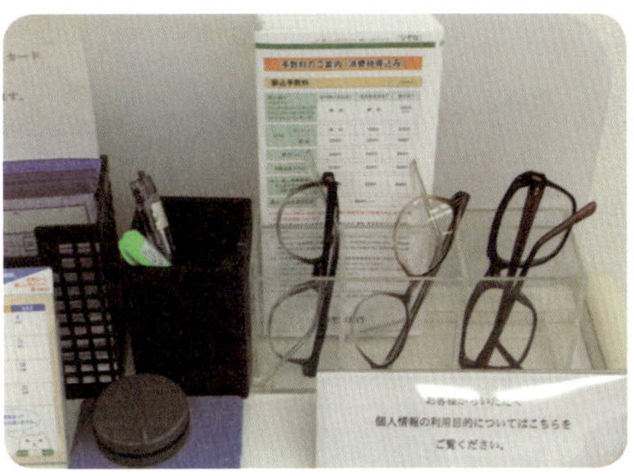

自転車置き場

小区内的自行车停放处

上下错落有致　丝毫不乱

这一个靠技术　另一个就靠人的素质

因为再技术的东西　如不遵守不善用

其结果一是容易坏　二是乱和脏

这是车站前收费停放自行车的场所
其规则是：二小时内免费
超过二小时每一小时就是 100 日元
右面的“精算机”是付钱用的

駐輪禁止

放水管前不能停放自行车
日本人一般都会自觉遵守
从这里还可看出一个细节
日本人将放水管的水压数
都写得清清楚楚

在日本

自行车不能随意停放在车站前

如被“黑猫”发现

先在你的车把上贴上“警告”的纸条

纸条上写有几月几号几点几分

同时把你的自行车号抄下

如在下次的集中处分日

正好对上了你的自行车号

那就对不起了　说明你是“再犯”

就将你的自行车收走

日后来取的话

必须付上 3000 日元

蓝底白字
提醒驾驶者的是
前面有养老院等设施
请慢行为宜

自転車専用

马路上的自行车专用道
用天蓝色标识出
沙粒状的路面
骑自行车是最舒畅的

地上贴着警示语
为了街道的清洁
要求散步遛狗的主人
必须将狗粪处理干净

まちをきれいにしよう!!
犬のフンは
飼い主が、
必ず始末しましょう!
戸田市

用井盖作为城市名片

这是日本人的艺术创作

据统计　全日本有超过 6500 种不同的井盖设计

当你习惯抬头看星月的时候

脚下的奇艳会让你惊喜无比

大大小小功用不同的井盖

五花八门的图案与色彩的井盖

与路面严丝合缝地贴合在一起的井盖

我们在感叹于精致与细腻之际

是否也考虑过　把井盖当艺术品做

其背后是一种什么力量

细节在日本的弹子房也有所体现

地上堆着弹子珠

提醒行人脚下注意

还放上能闪烁的红灯　以告警示

地震対策工事

防患于未来和警钟长鸣

是日本人的行为意识

大地震可能会来

东京 JR 铁道在二年前开始

了首都直下型地震加固工程

钱有可能会白扔

但为了乘客的安全

没有一万只有万一

ガス工事依頼書

日本人做事有板有眼
住宅周围只要有一个小小的工程
就会将拜托书塞进每家信箱内
拜托书首先说明我们要施工了
产生的噪音和振动将会给你添麻烦
对不起了　还请多理解
然后再写明工程的内容和地点
从什么时候开工到什么时候结束
每天从几点开始到几点结束
施工的当天
行人和自行车怎么办　车辆怎么办
停车怎么办　雨天怎么办
都写得清清楚楚
最后是询问的电话号码
然后再配上地图
使你更好地确认施工的地点
这张图片是煤气工程的拜托书

在日本
新搬迁的邻居
一般都要上门寒暄几句
并送上毛巾等小礼品
以示对今后的关照
尽管以后可能老死不相往来
但头一回必须低头寒暄
表明你认同
并参与到这个公寓的共同体中来

在神宫等人群聚集的场所
总有漂亮的穿着和服的日本女孩
她们大方有度　优雅得体
总会满足外国游人拍照的需求
实际上　这也是一个国家软实力的表现
用微笑和可爱为城市打分

都电荒川线为东京都内仅存的公营路面电车

运行于三轮桥与早稻田之间 约 12.2km

被誉为“国民之足”

这里的细节在于每站要发车前

电车都会发出叮叮的铃声提醒乘客

十分有趣

穿行于东京庶民区富有人情味的沿途风景

咕咚咕咚的都电让人感到温馨

使人们回忆起已被遗忘的某些东西

都電

都电的车体本身也非常的卡哇伊
可以说是日本的卡哇伊文化在城市中穿梭

都市里的巴士车站
给人的印象是
硬件没有一处有损坏的地方
没有一处是脏兮兮的

时间一到就会挂上这块牌子
天天如此　做什么事都有个交代
箱根的游园观光地也不例外
日本人的一板一眼可见一斑

肯定是一位学龄前的儿童
过早地背起了双肩包
而且厚厚的有些重量
在我们这里
老人为小孩背包
在日本
是小孩为自己为老人背包

爱好和喜欢
是一个国家未来的文化力量
看　这位地铁迷在拍摄
小田急线的开往方向的指示屏

多么清洁

真可谓山清水清　一尘不染

就连周日成步行街的银座大街

地上都没有一张纸屑

无怪观光客去日本的第一感觉　就是文明清洁

山野楽器
キムラヤのパン
MIKIMOTO
教文館

家里暂时用不着的生活用品
有地方可暂时保管吗
或者要急于搬家　但房子还没有找到
家具的暂时存放成为可能的一种服务
在日本叫租借铁箱
不要押金
只要每月交付一定租金即可

收納·保管

Book off 还贩卖成人影视作品
但是它必须悬挂一面广告旗帜
宣布未满 18 岁者
这个书架里的商品不能购买和阅览
如果没有这面广告旗帜
可能就会涉嫌违法

古書店

BOOK OFF

现今日本最大的二手书店

店内设有 100 日元的书

也有半价书

比神保町古旧书街更具魅力的是

日本全国都有它的连锁店

店堂宽敞明亮　种类齐全

所以在日本博得了人气

おみくじを結ぶ

在日本很多神社里
都能看到这种系满白色纸条的架子
这叫神签结　表示与神结缘
在神社求的签一般会系在上面
特别是求到不好的签
系在上面就能化解　好的签带走
只相信好签
有的时候也给人力量

凶·大凶運みくじは各所の
凶運みくじ納め箱へお入れ下さい
凶運みくじ納め箱

絵馬

一个祈愿，一个心绪
或许毫无效果　或许微不足道
但有寄托总比无寄托强
有期待总比无期待好
日本神社里挂着的“绘马”
其实也是日本人心灵的一个细节
精神史的一个细节

每个站的音乐都会不一样

- 车厢里是软座，脚下有暖气，车内没有异味。
- 信号不变人不动，这个不动就是对规则的敬畏。
- 敬畏的有无，其实是在拷问文明的有无。
- 京急线羽田空港的车站音乐是SMAP演唱的《世界上唯一的花》

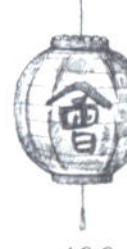

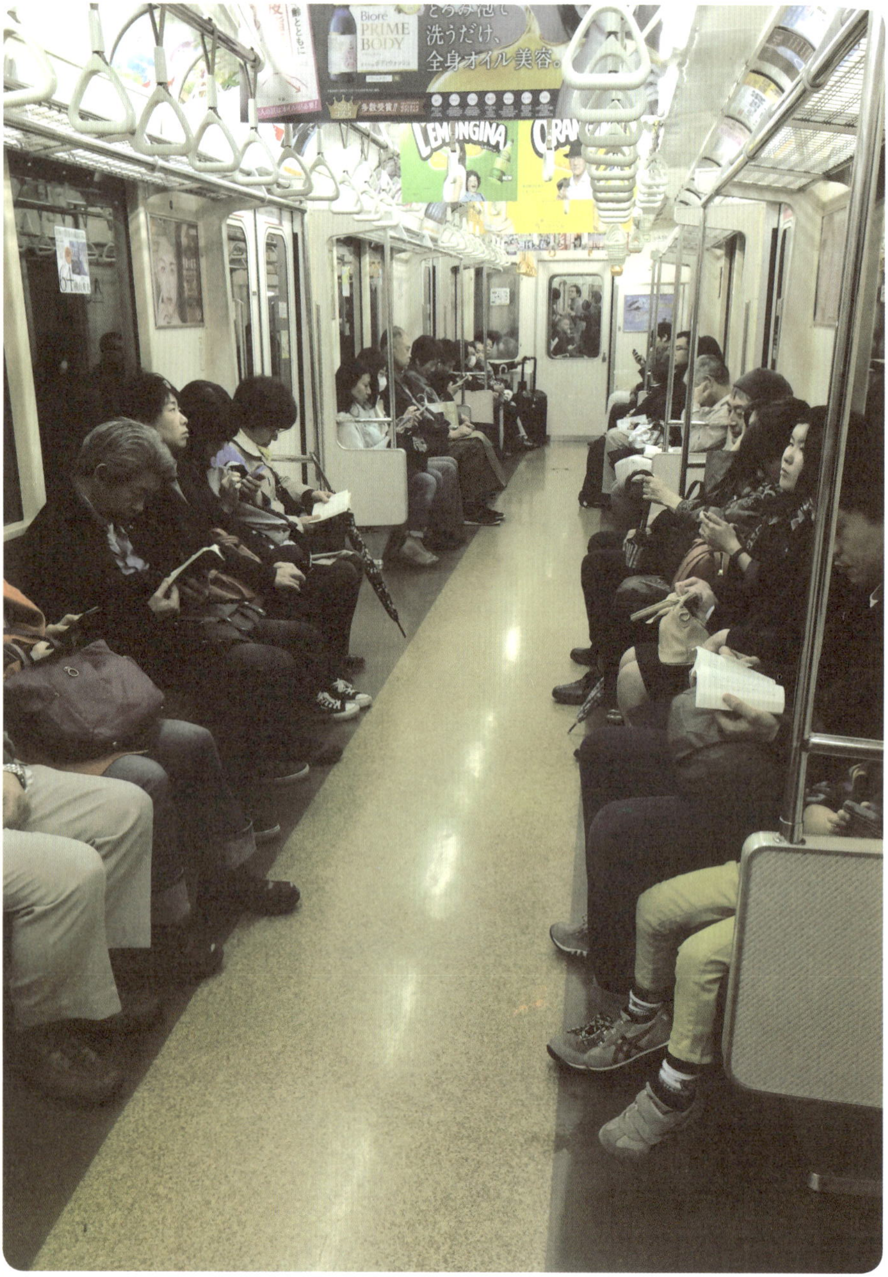
Bioré
PRIME
BODY
洗うだけ、
全身オイル美容。
LEMONGINA

紙の本を読む

地铁内还能看到读书的人们

虽然智能手机问世

也冲击日本人的读书兴趣

但好在还有人在阅读

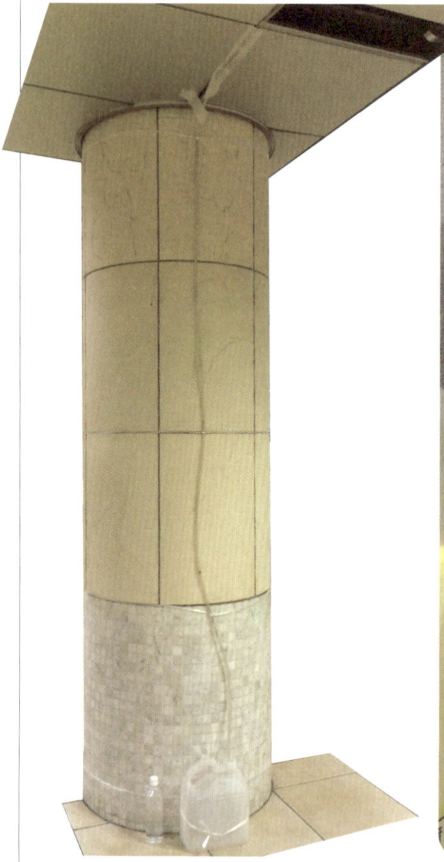

日本也有年久失修的车站

雨天有时也会漏水

但这里看不到

用纸板箱铺地的粗陋光景

而是用一根塑料管接漏

或者用防水材料隔离

甚至还有防水板

晴天的话就放置在格纳箱里

灯管卸下了　是坏了还是忘记换了?

不是　为了节电

哦 原来东日本 3·11 大地震后电力不足

为了响应号召　地铁也在尽可能地节电

在没有接到恢复的指令前

各个站台要做的事情就是坚守

绝不会发生擅自的行为

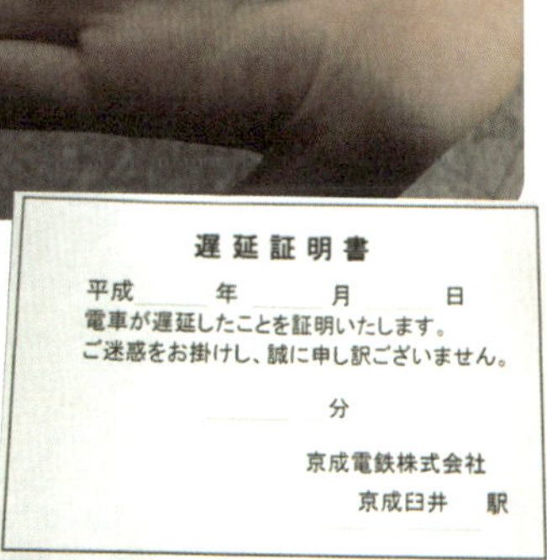

遅延証明書

平成　　年　　月　　日

電車が遅延したことを証明いたします。

ご迷惑をお掛けし、誠に申し訳ございません。

分

京成電鉄株式会社

京成臼井　駅

誤乗

误乘了怎么办?

不要紧

车站会给你张小票

上面写着叫你交给站前工作人员

问题是 会有人为了逃车票而钻这个空子吗

不会

没有人去贪这个便宜

此外　每条线的站内还发行延迟证明书

地铁一旦大幅晚点

有需要的乘客就可以索要这张证明书

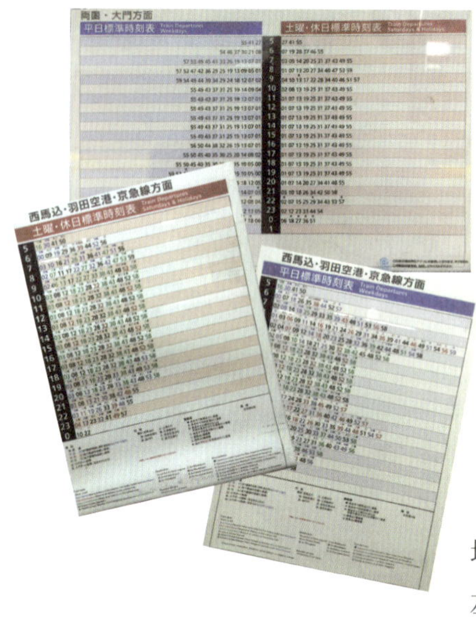

時刻表

时刻表 从上野御徒町

往两国大门方向的时刻表

分平时和节假日

末班车到 0 点 51 分

京急线开往羽田空港的时刻表

用不同的颜色 不同的符号标示

可谓分毫不差

地铁购票处 上方是各条线的价目表

左右两边是自动售票机

长长的一条像柜台

用来放置手提物品

看 还有挂伞的小物件

失物招领处的标示

最关键的提示点用了醒目的红字

两个地铁出入口标示的海拔高度并不一样

一个是 2.9 米　一个是 3.9 米

这是以东京湾水面为 0 米的标准而计算的

它也是善意的提醒

下面地铁的一个高度值

自動精算機

自动补票机

乘过站了 或者票额不足

到了目的地再补票

有的车站考虑到外国人的乘车方便

还设置了换币处

上面的显示屏显示着当天的外汇行情

每到一站
末节车厢的乘务员都要下站台
看着表 准确地等待发车时间
时间几乎是一秒不差

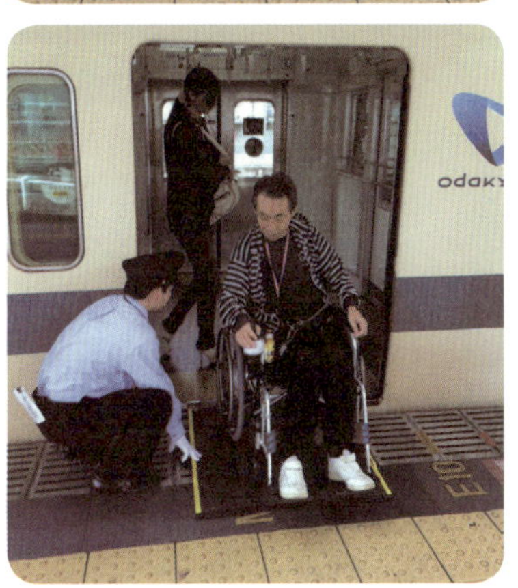

车站员为残疾人上下车费尽心力
轮椅从什么车站几号门下
早已传递到相关车站员那里
他们会在车门前等候
然后放置一块防滑垫板
轮椅就稳稳地下车了
乘客神情淡然
因为他们已习惯这种服务

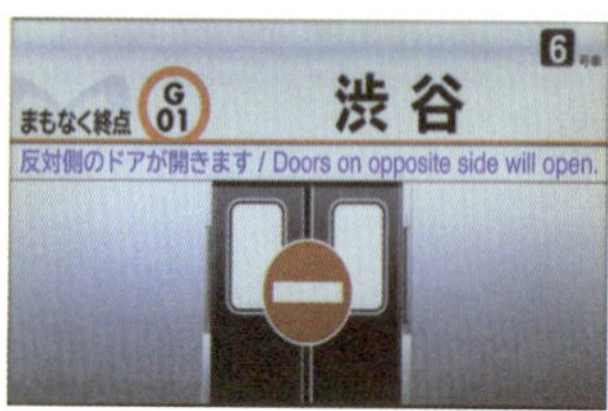

新橋 ゆき
まもなく
U 06
お台場海浜公園
5
こちら側のドアが開きます / Doors will open on this side.
お忘れ物にご注意ください

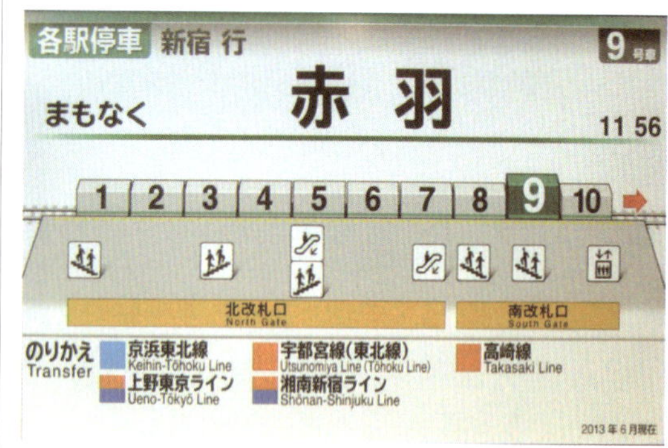

車内ディスプレイ

车门上方的报站显示屏

并显示车门在这边开

或显示车门在对门开

下车的乘客可早做好准备

并且还提示不要遗忘物品

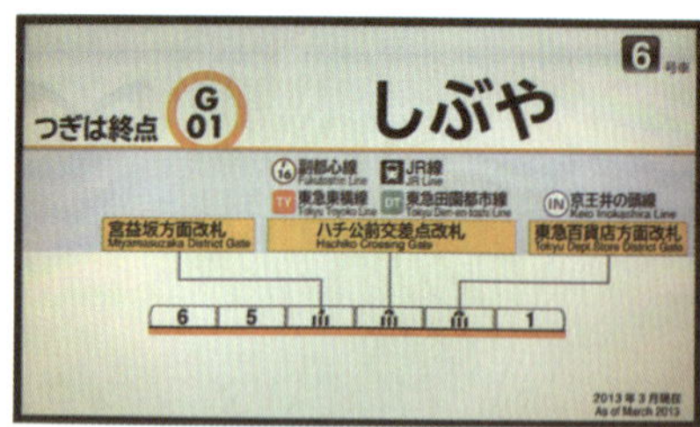

快要到终点站了

显示屏准确地显示出

换乘的线路和三个出口的位置

并善意提醒看报刊图书的乘客

背双肩包的乘客

不要影响周围的其他乘客

お知らせ Notice
強風注意
Caution, Strong Wind
電車の進入・進出時の
風圧にご注意ください
Strong wind caused by trains.

这张告示牌是提醒乘客注意强风

地下何来强风?

原来地铁在进出站时形成的风压

你看　想得多细腻

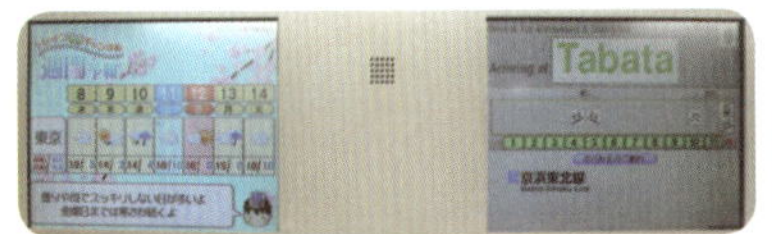

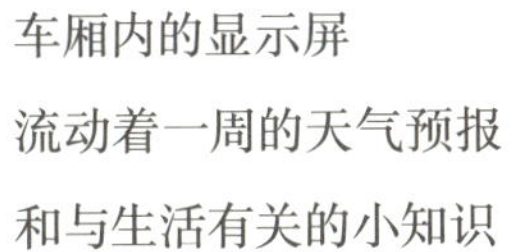

车厢内的显示屏

流动着一周的天气预报

和与生活有关的小知识

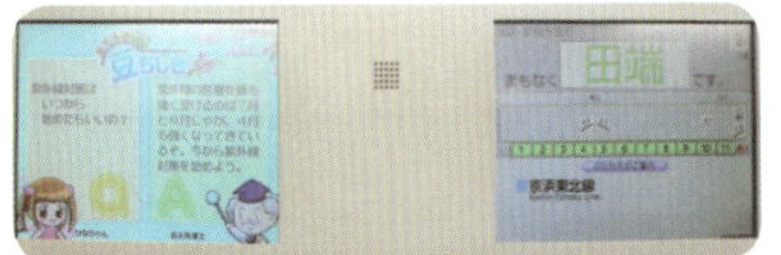

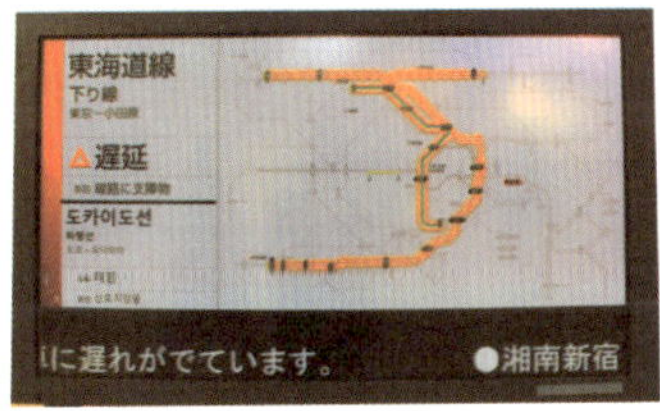

站内的大型显示屏

总是在第一时间将路况通报给乘客

看　东海道线的下行方向出现了迟缓

原因是：线路上有障碍物

加以排除需要时间

用车站音乐代替发车时的铃声

是日本人的一大发明

不同的车站不同的音乐

拉住你匆匆的脚步

让你的心慢慢地放下

山手线车站音乐闹钟

将流动抽象成静止

新宿　高田马场 池袋 大塚

播放的重复与重复的幻想

甜蜜的时光

恍惚就在昨天乘车的瞬间

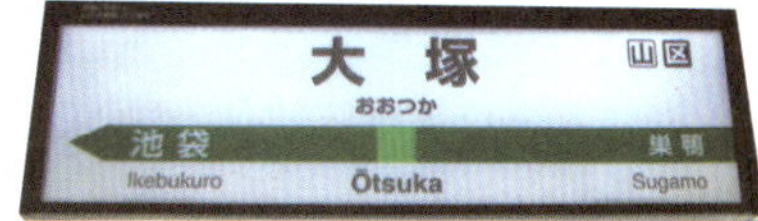

駅のスタンプ

日本各车站都有车站纪念章
很具有传统艺术特色
就以东京的 JR 线来说
一共有 77 个车站印章
一般都放置在售票机旁边
这是 JR 山手线池袋车站的盖章台
在暑假 小学生们都会为盖一个章
从这站乘到那站
从小培养儿童的兴趣从点滴做起
从意想不到做起
细节之花到处盛开

车站的出站口
右侧是暂时寄存用的小铁箱
过重的行李可以存放这里
自动投币式

这是京王私铁井之头线的站台

东京大学驹场站

设计有特色 高低座椅 随意挑选

站台中间使用玻璃间隔而成的休憩室

里面有空调

方便天冷或天热等车的乘客

女性専用車

这是女性专用车厢

早晚高峰时使用

这是为了保护女性防止“痴汉”的侵害

东京的JR埼京线

率先推出女性专用车厢

埼京线素有“痴汉”高发线之称

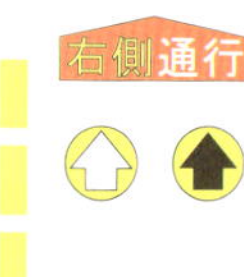

站台的上下阶梯
右侧是上去的乘客专用
左侧是下来的乘客专用
几乎每一格都有标示
显然是考虑下客优先
因为它比上客的要宽得多
这也是安全意识的细小体现

这是车站里大家共用的伞
只有一个要求
用完后返回原处
日本人一般都会很自觉地遵守
所以即便是晴天
伞架上还有那么多伞

ある筆談器

右侧玻璃窗上贴着
“有笔谈器”的字条
什么意思呢
当你说不清楚去哪里的时候
你就写上汉字或者写上英语
站务员就可以和你交流了

即便是小小的十字路口
在地上也会标识
“一时停止”的大幅字样
以提醒驾驶者

这条小马路上的文字
是提示前面有“交叉点注意”(十字路口请注意)

这条小马路上提示的是
请放慢速度
这表明前面一定有十字路口
或有幼儿园　养老院等设施

地上划线警示:
从周一到周五的早上
7:30−8:30
车辆禁止通行
因为前面有学校

鉄道の踏切

铁路的岔道口

有列车通过就放下警戒栏

两旁等待的车辆没有人鸣笛

两旁的行人更不会乘空隙钻进警戒栏

安全的保证从每个人做起

横道线行人优先

车辆绝对会等待行人通过后再启动

你在她面前跪，她在你面前跪

微笑服务的细节

- 如果说还有什么王道之说的话，那么在这个国度，最大的王道就是微笑。
- 日本原理：世界通用的语言不是英语而是微笑。
- 令人迷恋的日式微笑，更有一种深刻的力量。
- 微笑就是下雨的时候打伞，刮风的时候关上窗户。

駅前交番

我还是喜欢

东京

东京的每个车站附近

都有一个警察“交番”（派出所）

微笑 亲切 热情 有问必答

是交番警察的共同特点

外国人都说日本警察“優しい”

这个印象就是从这里来的

ひざ式サービス

这是在试鞋

客人享受跪式服务

一双　两双　直到客人满意为止

但作为日本客人

他们可能没有太大的感觉

因为他们的任何工作

都近似跪式服务

今天你在她面前跪

明天她在你面前跪

ガソリンスタンド

加油站加完油后
服务人员引导车子开出
然后鞠下深深的一躬
标准的 90 度
嘿　不就是加了点油吗?
对!

日本的洗衣店也在玩“可爱”元素
但在这元素的背后是对客人的守信:
质量　价格和时间的守信

我还是喜欢
东京

駅前の乗務員

车站前的乘务员在为乘客服务
他们需要解答关于线路的所有问题
不厌其烦是他们的工作标准
有时他们会带你一起看路线图
并作详细的讲解
直到你明白为止

お辞儀

日本的高级百货店

用搁板隔出一条走廊

门内是堆放货物的仓库

可看性在于

营业员每当要进入仓库的时候

都要在门前对着店铺鞠个躬

不管这时走廊上是否有客人

这个动作必须做

而且是进一次做一次

这是深表谢意的礼节

这是说没有你们这些客人捧场

我们就无法果腹

这是百货店的电梯礼仪小姐

她们装束可爱　始终面带微笑

引导顾客安全舒适地到达各自的楼层

日本温泉旅馆的门前
鞋口朝向客人的拖鞋摆放成一条线
一道爽心悦目的风景线

开往机场的大巴
行李会有专门服务人员来安放
乘客不需要担心行李被压放
损坏了等糟糕之事
不同站点的行李用不同颜色的丝带区别
乘客也不需要担心
行李被误拿

特急列車

这不是新干线
但也是属于开往成田机场的特快列车
所以每到终点站
总有清扫人员会用最快时间
将车厢打扫完毕

区役所

日本的区政府 公务员为市民服务的地方

柜台上看不出人很多

但等候机显示已经受理了536名

原来人们都坐在椅子上等候

绝不会在柜台前东张西望

也不会有人询问我还要等待多久

轮到你了 你就上 没轮到 你就静静地等待

这是日本人 最大的听话和忍耐

各行各业的微笑
是发自真心的微笑吗?
当然工作场所不是道德裁判所
但不管你真心与否
你还是在面对客人的那一刻　微笑了
而且还笑得那么灿烂　就已足够
因为客人已经记住了你的微笑
这位客人或许是其他行业的服务员
他模仿你　也面对客人微笑了
你我他　都在微笑
那么整个社会就是微笑的社会
真正的和谐社会

我还是喜欢
东京

不该点滴的绝不点滴

医院看病的细节

- 患者离开诊疗室，医生要目送或鞠躬。
- 在手术室，主刀医生要亲自在门口迎接患者。
- 护士跪着与病人说话，轻言细语像央求似的。
- 在这里，医患关系不再是紧张的二元模式。
- 医疗的本质就是让你懂得生死在天。

初診カルテ

初诊者填写病历的桌台

几月几号星期几　用来提醒患者

公用圆珠笔　初诊表　填写范例

桌面上不会乱哄哄

填写者会很自觉地收拾废纸

也不会在桌面上乱涂乱写

所以总是干干净净的感觉

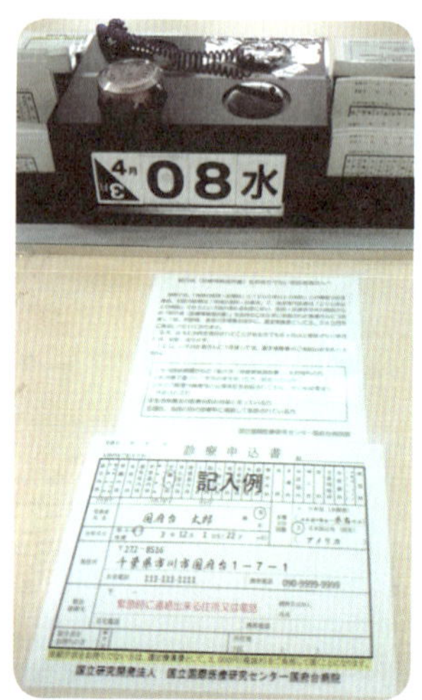

待合室

候诊室内长长的沙发
细节是
没有一张沙发是有破损的
有破损必换
没有人会在沙发上躺下
没有人会坐在这里吃东西
所以清洁就有了保证

病院

这是一家年头颇久的医院了

你看地上面的油漆都有磨损褪色　但一尘不染令人印象深刻

要知道这里高峰期也是人满为患　边上的三个垃圾分类箱说明了一切

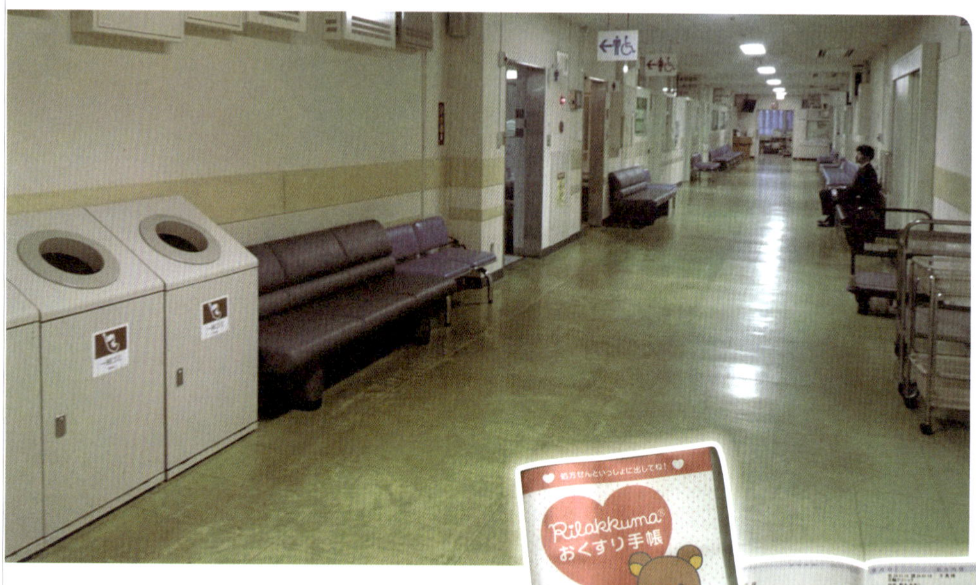

这是配药时发放的药物手册

手册记载每次配药用药的基本事项

然后供医生参考

手册的优点在于

一是基本杜绝了配错拿错的可能

二是患者也能知道自己在服用什么药

三是让医生知道你用过哪些药

标识清晰

低头看地都能引导你往哪里走

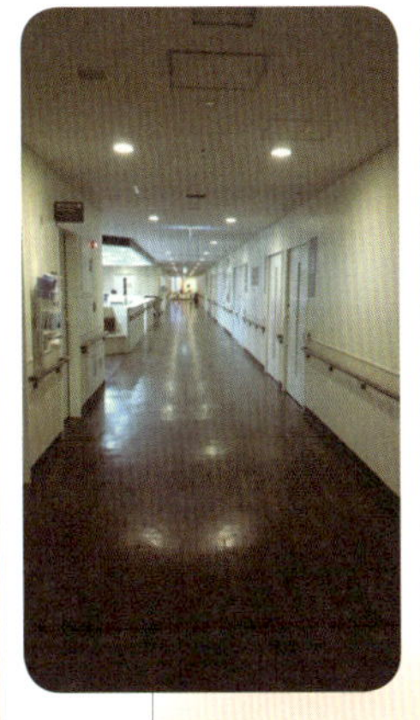

入院部

住院部一角

开放式的护士台

一尘不染的病区走廊

総合受付

这里的细节在于
永远不会发生争执

歯科診療所

你看得出
这是一家私人牙科诊所吗
很有特点的候诊室
同时还设置了儿童房
因为日本小孩蛀牙也多
小孩候诊
就要体现一个“玩”字

配置老花镜
供初诊者填写问诊表
台历必定是两个月的
便于患者下次的预约

医院还设有图书阅读点
打发无聊的等待
除去心中的紧张
当然更表明日本的医院是井然有序的
如果乱哄哄的犹如菜市场
还能静静地读书吗?

病人在候诊
这里没有大声喧哗的
没有东张西望的
更没有堵在诊室门前
想随时挤进去的人群

愛の献血車

在日本街头
行驶的“爱的献血车”
活泼的卡通图
驱散了献血的恐惧
给人放松的感觉

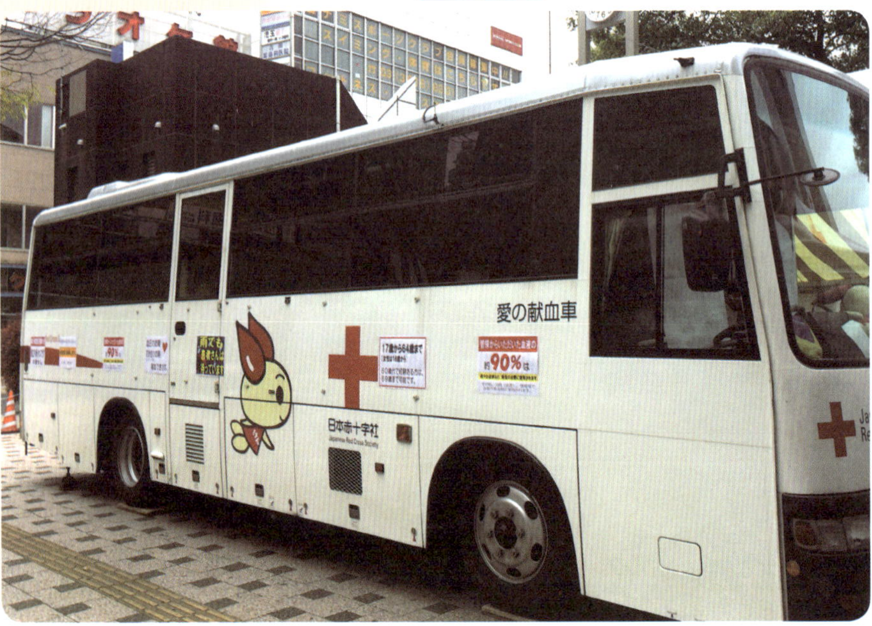

东京某地的献血处

令人眼睛一亮的是

将今天的采血量给予透明化:

需要人数71名

其中　A型23人　B型12人

O型23人　AB型13人

同时普及献血知识

血液不能长期保存

血小板的有效期是4天

红血球的有效期是21天

所以每天都需要献血者

而帐篷左面的一张海报

则体现了一个更大的细节

在日本每年的4月份是医院最忙的时期

也是献血人数最少的月份

所以更需要大家的协力

献血车上还公示了一条细节:

从献血者那里采血的90%

都用于了癌症病人和白血病的治疗

还有10%是用于突发事件的受伤者

以及孕妇的生育等

毫不隐瞒采血的用途

宣传语还说:

即便是雨天　病人也还在等待着

怎么看也看不出这是一家癌症医院
怎么看也看不出生死在这里“搏斗”的痕迹
粗看反倒很像宾馆的大堂
喝着咖啡等着朋友
台前还放有白色三角大钢琴
自动流淌着优雅的钢琴曲
令人轻松愉快
忘记自己的病痛

がん病院

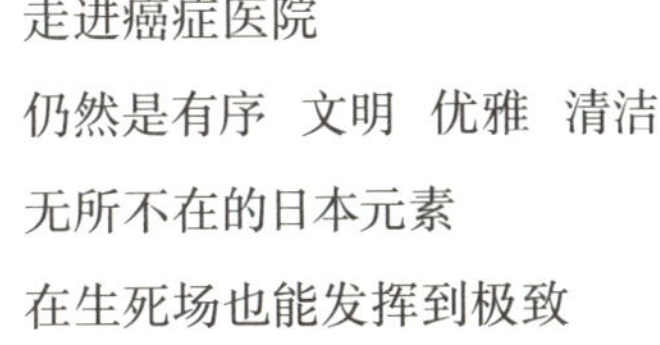

走进癌症医院

仍然是有序 文明 优雅 清洁

无所不在的日本元素

在生死场也能发挥到极致

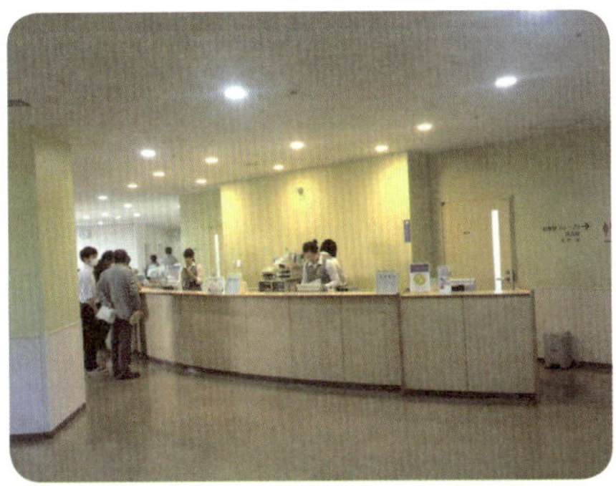

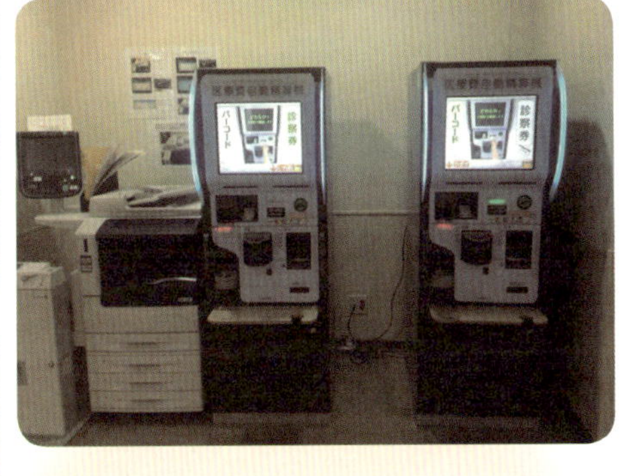

这两台是医疗费自动精算机

只要插上挂号卡

当天所有的检查费和医药费就会显示出来

然后选择是现金还是信用卡付费

左边的投币复印机兼带传真功能

能将药方提早传送至药房

到时拿药就不用等候了

这两台是挂号机

复诊的病人就不用排队在窗口挂号了

这是医院的女洗手间
站立有扶手
清洁程度极高

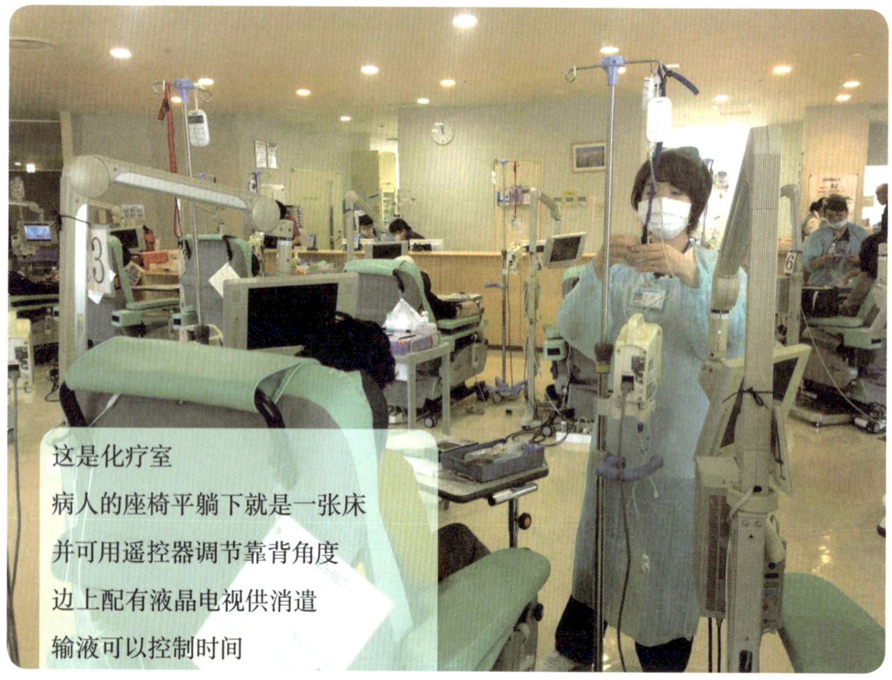

这是化疗室
病人的座椅平躺下就是一张床
并可用遥控器调节靠背角度
边上配有液晶电视供消遣
输液可以控制时间
自动计算每分钟的点滴量
点滴结束前会发出“嘀嘀”的鸣叫声
提醒医护人员前来

医生和病人共用的食堂
医生不嫌病人的“脏”
这也就是说
病人吃什么　医生也吃什么
众生平等在这里得到了体现
医患关系也如鱼水情

癌症病人在病房的一端晒太阳
很悠闲地享受着下午的时光
家属和病人聊谈
总有静谧舒适的感觉

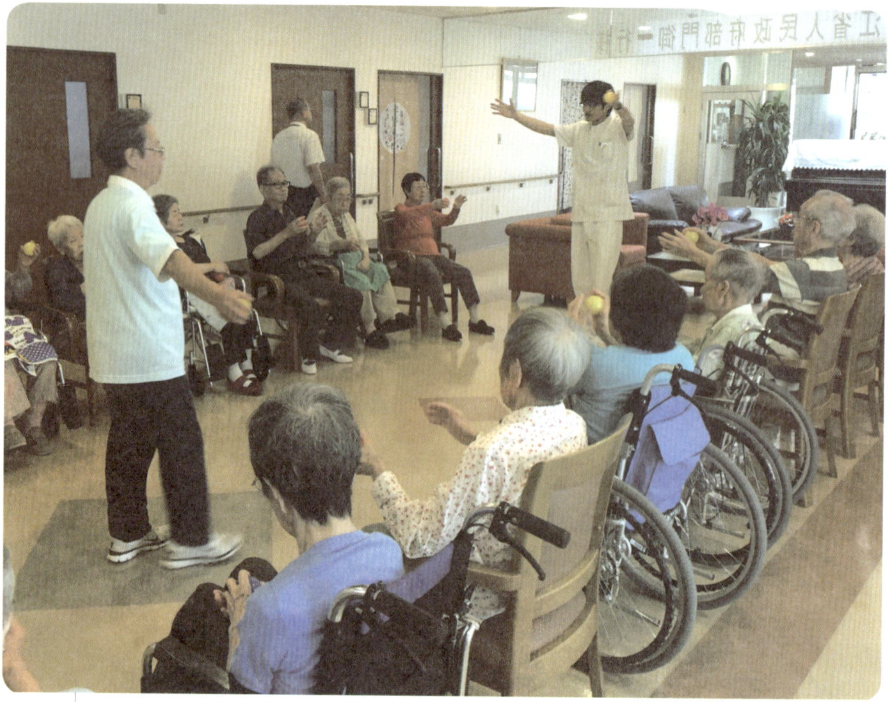

老人ホーム

养老院里

护理人员每天都会组织老人玩各种游戏

不仅能够为老人增添生活乐趣

还能锻炼老人的运动能力

很多老人已经在这里居住了十几年

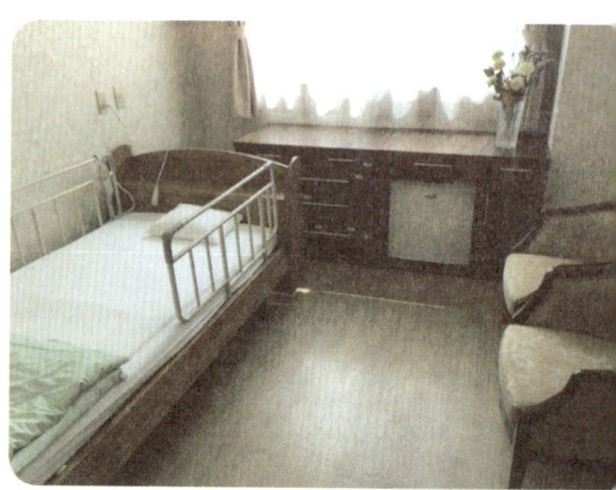

这是一间参观时见到的房间

每位老人都住单间

床的高度均可调节

床头还设有呼叫装置

全天24小时专人护理

养老院里设有
围棋室 纸牌室等休闲娱乐空间
此外 还特意根据老人的身体状况
定制了高度较低且有软垫的座椅

养老院里
根据老人的身体状况
配备手推小车
防止老人摔倒

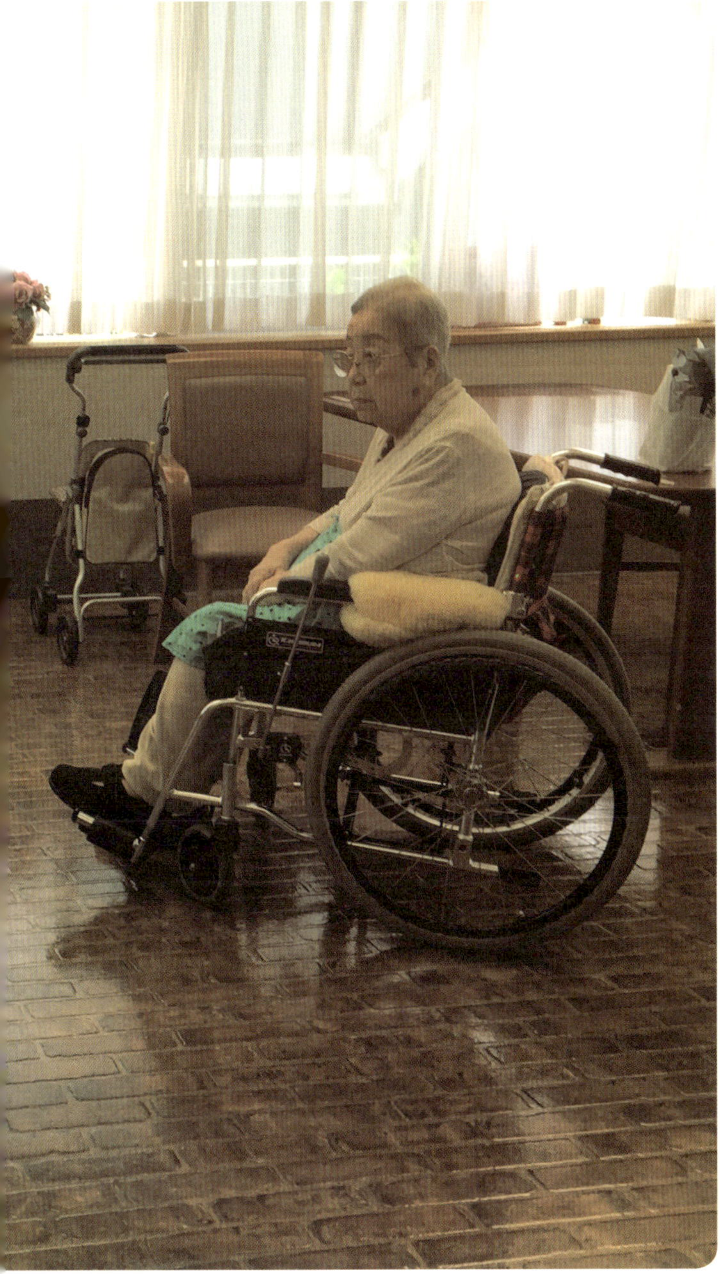

歯の検査

牙科医生定期到养老院

为老人检查牙齿

只有牙齿健康

才能确保营养的正常摄取

护理人员会协助医生

记录每位老人的牙齿状况

图中等待接受检查的老人

已是 98 岁的高龄

他们享受着跪式服务

高龄者

针对牙齿不好的老年人

专业公司研发出了软食

在营养 色泽 外观 口感等方面

均大大超过流食

乍一看很难将软食和普通饭菜分辨出来

所以老年人的胃口大增 信心也大增

養老院·保育園

这是一家提供白天服务
（早接晚送）的养老院
将养老院和托儿所建在一起是其特色
每天下午3点是下午茶时间
小孩会给老人送点心
并老人一起游乐
这里的细节在于院长所说：
老人看到小孩心情会大好
饭量也会随之增大

只需往里或往外一推
门就会轻松折起来
并且最大开口度可达1018mm
轮椅也可轻松通过

东京

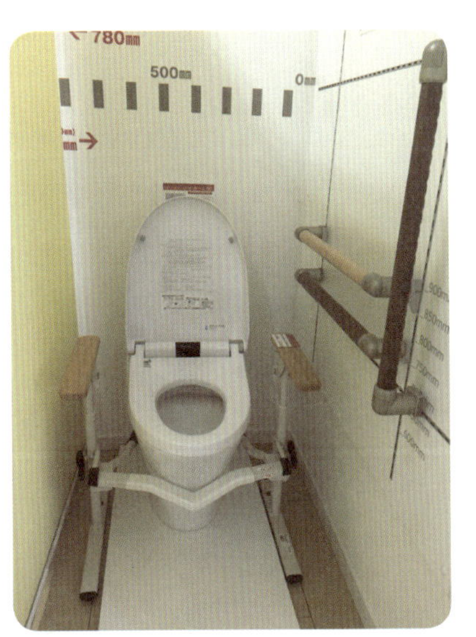

为了老人在洗手间内能自行站立
在两侧安装扶手
此外 根据老人的需要
还可安装横或竖的扶手

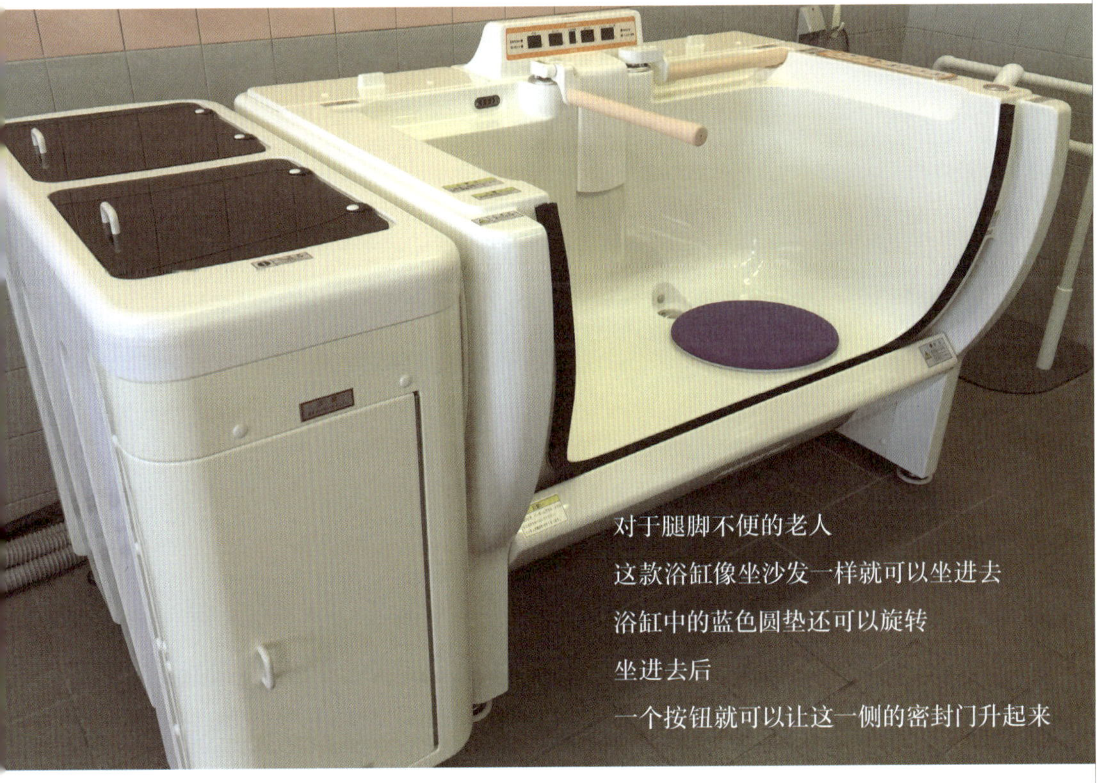

对于腿脚不便的老人
这款浴缸像坐沙发一样就可以坐进去
浴缸中的蓝色圆垫还可以旋转
坐进去后
一个按钮就可以让这一侧的密封门升起来

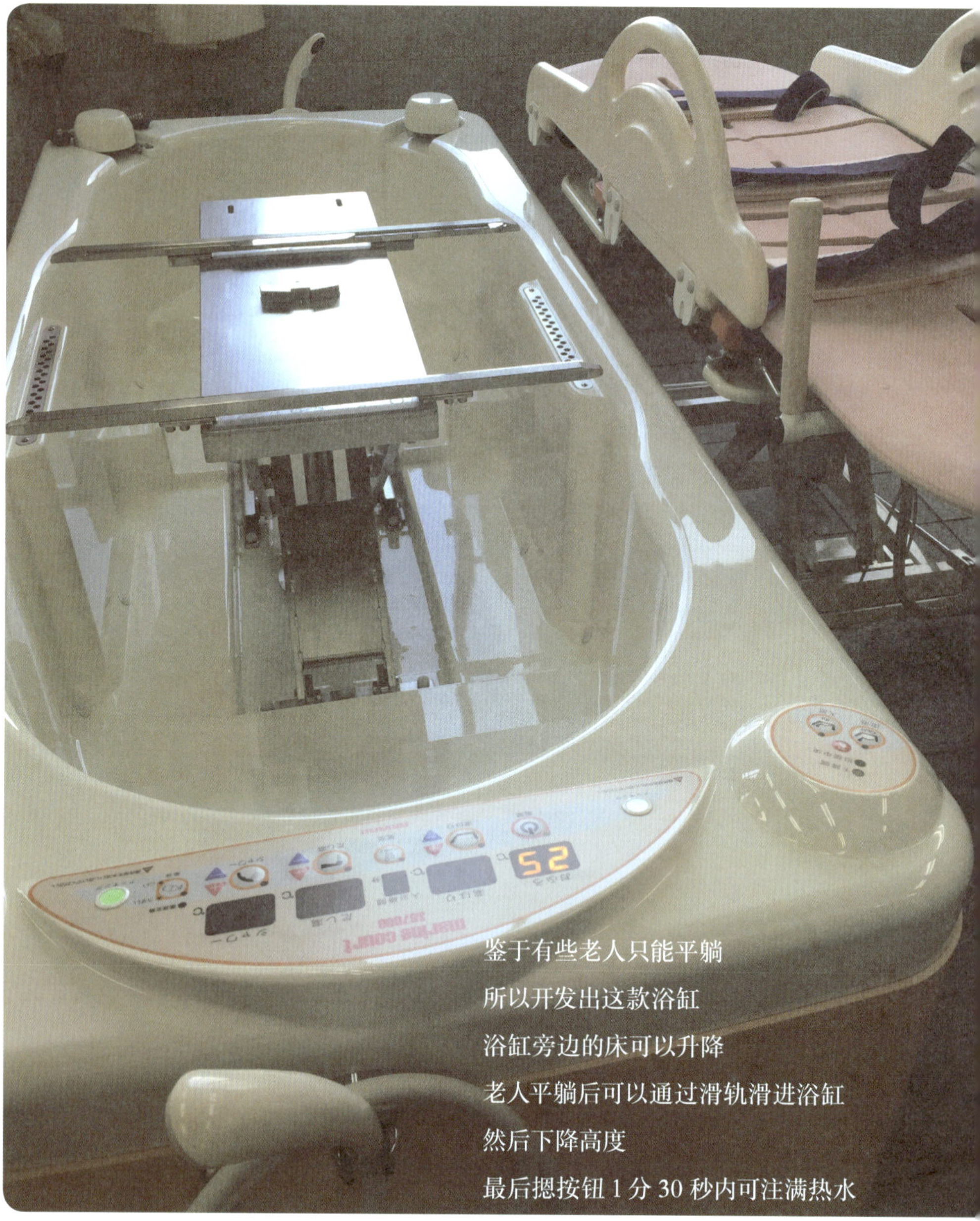

鉴于有些老人只能平躺
所以开发出这款浴缸
浴缸旁边的床可以升降
老人平躺后可以通过滑轨滑进浴缸
然后下降高度
最后摁按钮 1 分 30 秒内可注满热水

以上关于养老院的图文由嘉善县商务局副局长时江涛提供。

我会安全驾驶的——松井健

责任制方面的细节

- 连鸡蛋上都贴有赏味期限的小贴条。
- 食得放心，就是从责任开始的。
- 责任不是对天发誓，而是很实在的把自己放进去。
- 责任不是口头说唱，而是很自觉的体验何谓内疚？
- 责任源自于心，它不需要理由。

賞味期限

日本人很重视保质期

你看 这包荞麦面将保质期精确到那一天的晚上九点

也就是说 一过晚上九点

没卖完的荞面就会收入垃圾袋

绝不再卖给顾客

连每个鸡蛋上都贴了保质期的小贴条

あじ開干
保存温度4℃以下 コード0362059
保存温度変更日 15. 4. 5
消費期限 15. 4. 9
店番 289
399
保存温度変更者 株式会社アルティフーズ
千葉県船橋市高瀬町24番地6 8

我还是喜欢

东京

所有的蔬菜都标明产地和种植的责任人

食得放心 就是从责任开始的

责任者

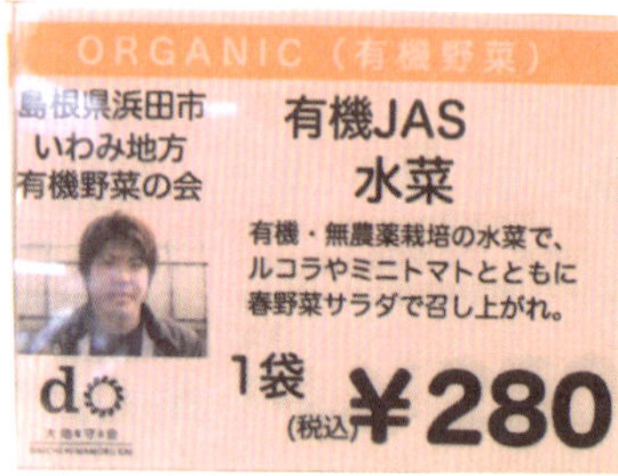

再往细处看就一目了然了

你看 这袋的责任人是大和田忠

这青菜的责任人是矢泽园艺

这菠菜的责任人是阪本吉五郎和深田友章

这长茄子的责任人是岛添由太郎

这个生菜的责任人是饭塚一实

名字会有造假吗 或者查无此人吗

哦 不会 绝对不会

如是这样

种植的蔬菜就不可能再出货

所属的农协也会遭殃

这就叫连带责任制

ほうれん草
埼玉県産
大地を守る会認証野菜
埼玉県産
深田友章
ほうれん草
1袋 ¥230
(税込)

大葉
YAZAWA
茨城産
矢澤園芸
有機JAS青じそ
1P (税込) ¥180
茨城県鉾田市
矢澤園芸

大地を守る会認証野菜
長野県産
きのこ村
エリンギ
カットの仕方でいろいろな食感が楽しめるきのこ。輪切りにすればもちもち感、縦に割るとしゃきしゃき感も。バター炒めやシチューにもどうぞ。
1パック ¥230
(税込)
大地を守る会認証野菜
岐阜県産
生しいたけ
1年以上の時間をかけて、木の栄養分だけで育つ原木シイタケ。味、香り、歯ごたえが強いのが特徴です。
1袋 ¥38
(税込)

大地を守る会認証野菜
茨城県坂東市
飯塚 一実
レタス
1個 ¥280
(税込)

スイスチャード
大地を守る会認証野菜
東京都小金井市
阪本 吉五郎・啓一
サラダほうれん草
アクが少ないのでぜひ生で食べて下さい。サラダやパスタ料理にぜひご利用下さい。
1袋 ¥280
(税込)
東京都小金井市
阪本吉五郎
・啓一

大地を守る会認証野菜
福岡県柳川市
島添 由太郎
長なす
皮は少しかためですが果肉はやわらかく、おいしい長なすです。焼きなすや田楽、炒め物、煮物などに適しています。
1袋 ¥280
(税込)

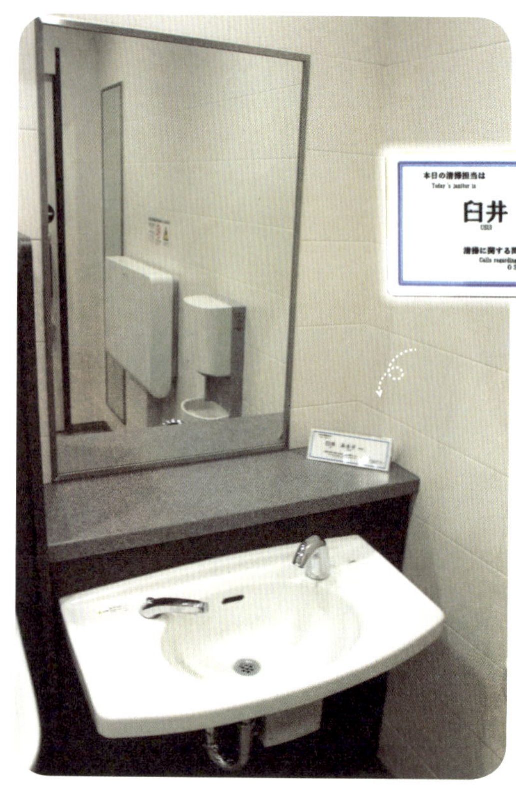

本日の清掃担当は

白井　みさ子 です。

03-6428-0229

TIAT

清
掃
担
当

酒店房间盥洗室的清扫

也落实到责任人

看　放置在盥洗台边上的牌子

放大看　上面写着

今天的清扫担当是臼井弥撒子

这是酒店房间的清扫担当

上面写着

欢迎入住酒店

这个房间的清扫是我

请悠闲地渡过美好时光

下面署名是佐藤千惠子

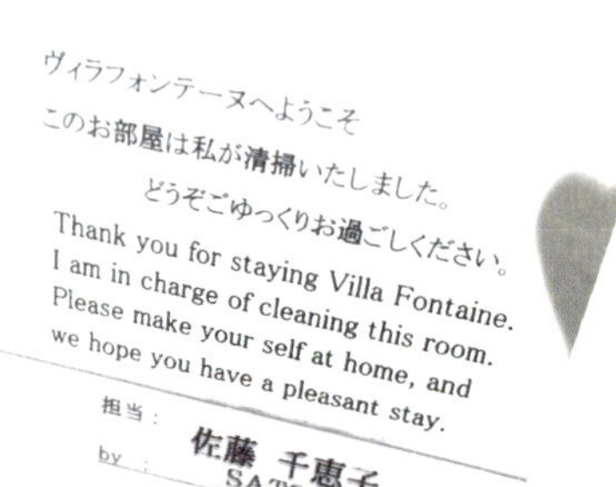
ヴィラフォンテーヌへようこそ
このお部屋は私が清掃いたしました。
どうぞごゆっくりお過ごしください。
Thank you for staying Villa Fontaine.
I am in charge of cleaning this room.
Please make your self at home, and
we hope you have a pleasant stay.
担当：
by ：　佐藤　千恵子
SATOH

我还是喜欢

东京

这是一辆宅急便的货车

车门左下角的牌子

我会安全驾驶的 —— 松井健

红色的是可口可乐送货专车

车门左下角也挂有牌子

我会安全驾驶的 —— 伊势浩人

这是驾驶员

向他人宣誓的安全驾驶的公约

卫生间的清扫检查表

具体到便器的整体

便器的盖子 盥洗龙头 烘手机

地面 角落 壁砖等

还要确认手纸 洗手液等还剩多少

以便及时补充

最后是检查者的署名

日本的厕所

可以称得上是全世界最干净的

清掃点検表

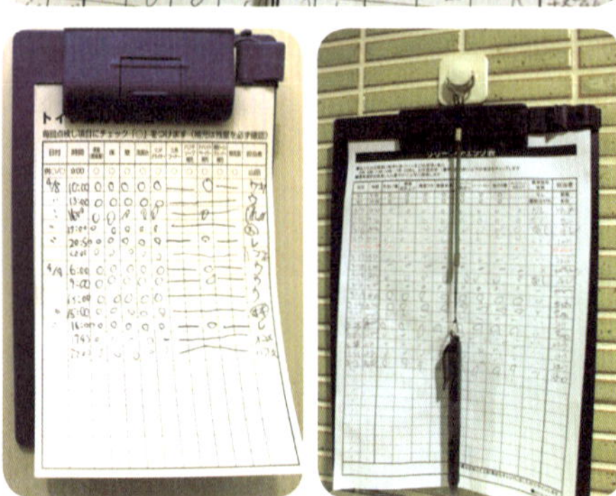

行列

排队文化的国度
细节也真多
竖起“最后尾”的牌子
写明排到为止大概需要多少时间
都明确地传递给排队者
让他们自己判断是否要继续排队

下电车出检票口
也总排起长长的队
没有人会拥挤到前面
更没有人逃票

上自动扶梯 一列地靠左
右面一条道
是给赶时间的人跑步上去的
人们不会无规矩地站满整个扶梯
而是想到定有急事的人

喫煙区·非喫煙区

车站附近和一些公共场所设立的吸烟区
烟民们会自觉地在这里吸烟
绝不会扩展到非吸烟区
吸烟区内绿化怡人
地上干净得没有一个烟头

コンタクト
ガスト
Caféレストラン ガスト
AEON 英会話イーオン
Mr.Children STADIUM TOUR 2015 未完
SHIBUYA 109
H&M
この先 150m
NEW ALBUM
REFLECTION
Release!
3月31日発売

B-HIVE
TSUTAYA
STARBUCKS COFFEE

低头看

地上也贴有“禁路上吸烟”的标识

违反者罚 2000 日元

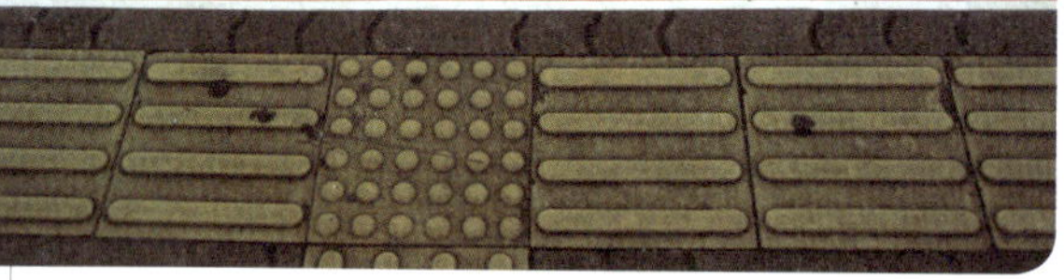

灰皿

路边和室内造型各异的烟灰箱

烟民们真的会停下脚步

在烟灰箱前小憩抽上一根

心情还真的不一样

我还是喜欢

东京

百货店前放置雨伞的伞架
按编号锁住　拿上钥匙
没有人会乱插乱放
也绝不会错拿
当然更不会有顺手牵羊的
店门前的牌子
告示不要将雨伞带入
为了怕牌子倒下伤人
铁盘上放置了重量

建築計画通知書

日本每建造一幢楼

都必须要在围墙上张贴“建筑计划通知书”

具体到采用了什么建筑构造

什么时候开工　什么时候完工

建筑的用途何在

多少层楼高　多少建筑面积

最为细节的是建筑方　施工方

设计方的地址和电话都有记载

绝不怕承担责任

令人放心的责任制

连一支小小的护手霜

在顶端的上部都有点点的盲语

这就是不倏忽任何角落的责任

常在心中的一面旗帜

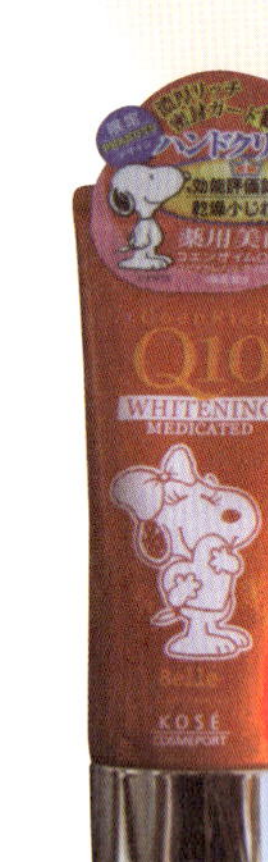

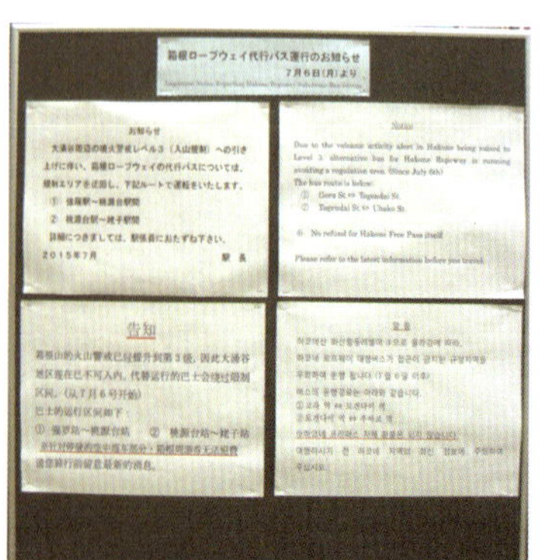

日本人凡事不随意

箱根喷发火山

缆车停运

但从7月6日开始

大巴替代缆车绕道而行

用四种文字在小田急线新宿终点站公示通知

没有读者借书也必须站立

图书馆的细节

- 若有一天真的离开了日本，最值得怀念的是什么？

- 人们会说：一是便利的铁道，二是温馨的图书馆。

- 这是日本人的自豪：
  明治以来的所有出版物，都能在国会图书馆找到。

- 日本人人均一年读 45 本书，为世界之最。

- 把还书延伸至车站和便利店，同时延伸了对人的信赖感。

市立図書館

这是一家小城市的市立图书馆
多么的气派不凡
而这个市川市的市政府大楼呢?
却非常的寒酸
二重对比显现出尊重知识
更为细节的是图书馆工作人员
必须站着为读者服务
即便没有读者借书　也必须站立　绝对不能坐
这是人为的苛求吗
不　这是一种服务精神

图书馆内　书架的旁边有敞亮的阅读工作台

有垃圾箱　有攀高台　有临时坐下阅读的小木凳

非常的人性化

这是运送书架的小型电梯

省时省工　提高了效率

図書返却箱

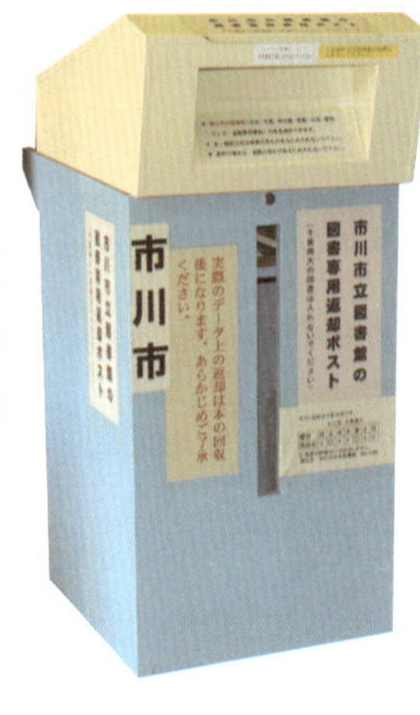

图书馆为了方便读者还书
在车站内设立了图书返还箱
日本的市区一级图书馆
一般都会采取这一便民措施
它的难度在于 不是隔天也不是每天
而是每天两次图书馆都会开着小车
收取箱内的图书
尽快地让更多的读者阅读
这是图书馆的最大理念

提醒你 今天是4月4日（星期六）
归还期是4月18日（星期六）
两个星期
一个善意的提醒
提高了借阅者归还的自觉性

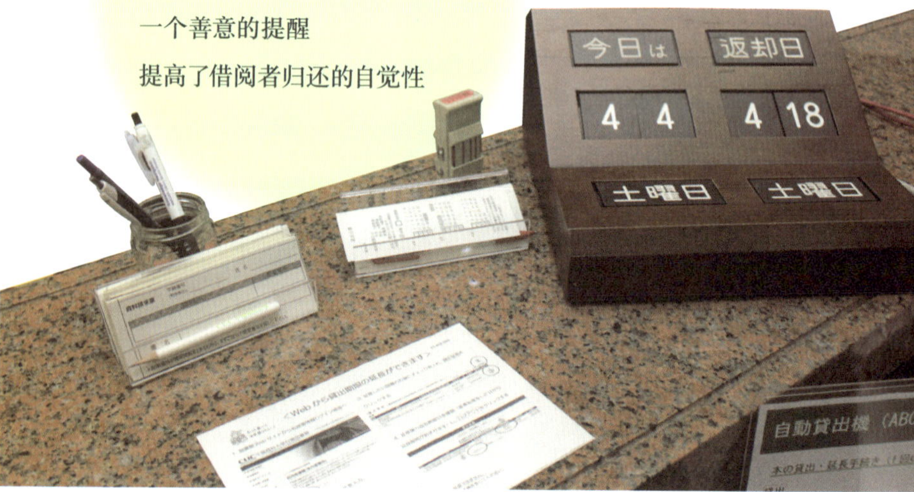

图书馆的阅报处
大大的斜面
便于读者站立阅读

大学的图书馆　欢迎新生入学
哦　是4月入学
两边的樱花图样透出春的气息
善于抓住点滴的日本人
有时也令人感动
脚印的地方
便是拍摄集体照的最佳

大学の図書館

子ども図書館

儿童图书馆

不忘放置消毒洗手液

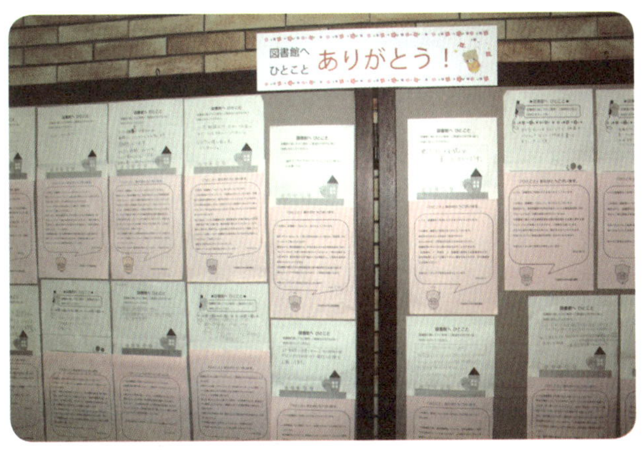

这是借阅者对图书馆
提的意见与建议
下面框起来的文字
是对提问的回答
日本的图书馆
就是靠这样的精益求精
博得了美好的声誉

纸张装订使用台
细节在于图书馆提供便条纸
一面是用过的（うら紙）
这个箩筐用来回收用过一面的复印纸
要求大家平放不要折叠

地下書庫

地下书库
写有入库的要求和哪些书不能借出等
还不忘提醒借阅者注意节约用电

地下书库的一角
电脑台的右上角放有手电筒
是以备停电等现象的发生

进入暑假

图书馆还会面向中小学生

推荐暑假阅读图书

大都属于图文并茂

触发好奇心的图书

从自然科学到生活百科

启发小读者们去探索大自然的奥秘

图书馆还向读者推荐图书

定期推出专题阅读

就是其中的一环

如进入夏季

日本各地的祭扫活动

和烟花大会将相继举行

有图书馆就推出

祭扫和烟花相关的图书给读者

図書循環角

图书馆会定时清理出
不再流通的图书
但不是扔掉或废弃
而是设置图书循环角
读者可以自由取走
几乎每个星期都有几十本各类图书
会放置在书架上供读者取舍
你看　平成23年（2011年）出版的
两大本《六法全书》
也成了免费拿取的对象
日本的图书馆还真“豪气”
其背后是有钱者无钱者
都可以看到书这个理念在支撑

我还是喜欢
东京

除籍処理済

成为循环书是有一定手续的
在书的背面必须贴上“除籍处理济”的卡通标签
还要写上是哪家图书馆
这三本书都是东京都丰岛区立图书馆的
这也表现出日本人做事的认真

再小的图书馆也有这些设施
办公室 休息室 哺乳室
寄存箱 公用电话和电梯

图书馆内设有自动检索机
为读者寻找图书提供了方便
地上的黄线框框
是人多时排队用的
读者都会自觉遵守

除菌消毒

有的图书馆还设置除菌消毒柜
读者想借的书带回家阅读之前
放入消毒柜内用紫外线除菌30秒

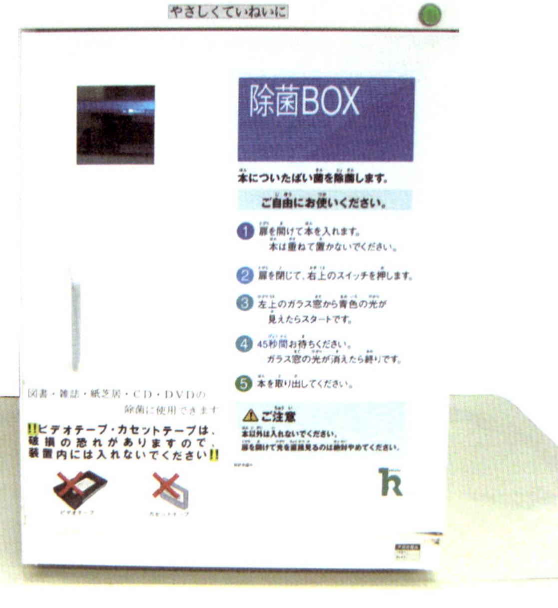

心肺复苏的 AED 红色装置

公共安全的细节

● 灾害发生时学校就是避难所，
因为在这个国家，学校是最坚固的。

● 那个 AED 的红色装置，就是对生命的承诺。

● 一个国家，最大的学问就是灾害学。

● 地震什么时候来不知道，但地震一定会来你一定要知道。

● 细节在这里表现为权力——捍卫生的权力。

昨日の交通事故

日本警察的交番(派出所)前
每天都更新交通事故的数字
可不 昨天的东京都内
又死了2名伤了129名
一目了然 对谁也不隐瞒

这里 发生过交通事故
但肇事者逃跑了
警察张贴布告
寻求目击者
交通事故的记述
具体到几时几分

这里是什么

哦 原来是东京都墨田区

某个棒球场的边上

设置了灾害时用的简易厕所

西式 2 间 和式 8 间

为什么要设置西式厕所

那是考虑到老年人蹲不下来的苦

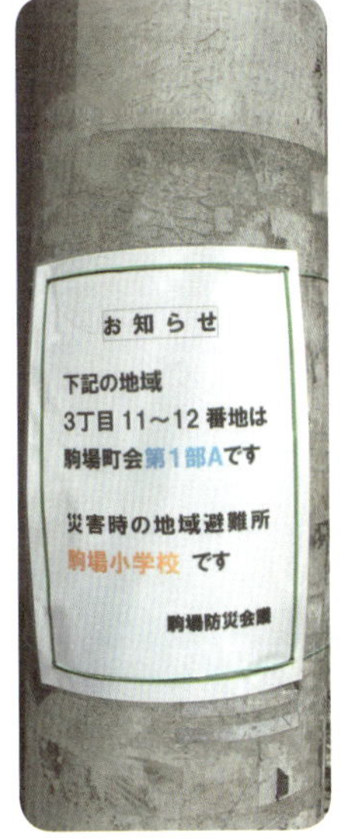

災害時の地域避難所

在电线杆上

张贴布告

这所驹场小学

被规定为灾害发生时的

地域避难所

它的一个先决条件是

校舍建筑不能是豆腐渣

防灾馆

欢迎来到本所防灾馆参观

看板上的参观须知

关键的字眼都涂上黄色

右边放置消毒液

不忘参观者的健康

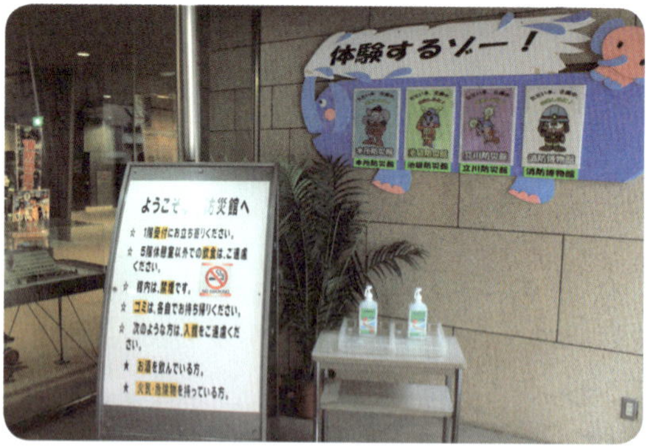

防灾馆的一楼

逼真　生动　有趣

它给参观者一个心理缓冲

灾害的恐惧并不可怕

都市型水灾体验一角
用高度逼真的技术
还原水灾
是如何荡涤都市的

地震体験·消火体験

地震体验一角
用模拟的震级
体验人的感受
建筑物在摇晃
摇晃的建筑物
轰然倒塌的瞬间
太逼真了
不愧是地震大国

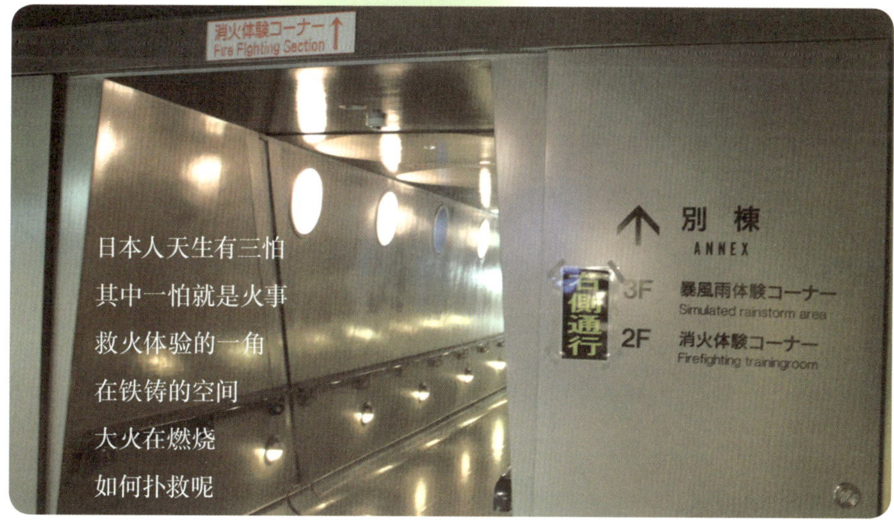

日本人天生有三怕
其中一怕就是火事
救火体验的一角
在铁铸的空间
大火在燃烧
如何扑救呢

老资格的消防队员

在讲解如何从浓烟中逃生

我还是喜欢

东京

太刺激了

还有暴风雨体验一角

河川泛滥

又是如何一番景象呢

时刻都在提醒参观者

脚下注意

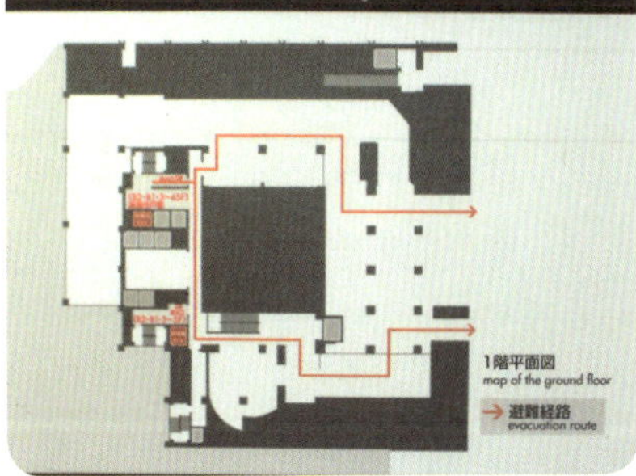

避難経路図

避难路线图

每幢大楼的每个层面

都有清晰的标明

你看　即便是参观说明书

都是事无巨细

从乘坐电车到几点闭馆

从休馆日到指路地图

放置最显眼处

教你如何急救

心肺复苏法

从人口呼吸到 AED 装置的使用

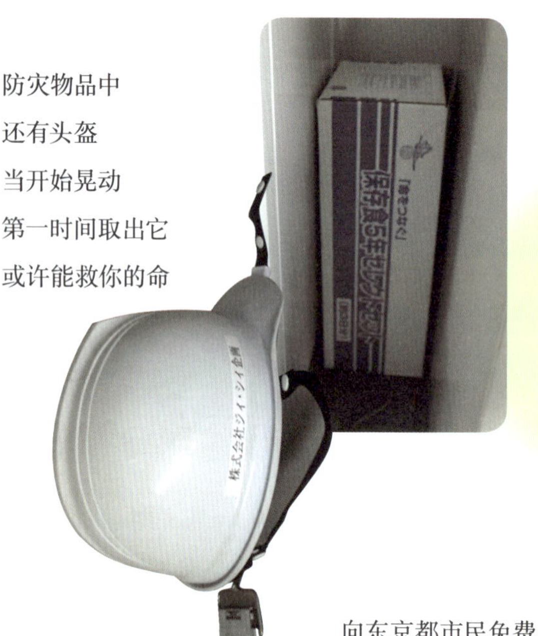

防灾物品中
还有头盔
当开始晃动
第一时间取出它
或许能救你的命

地震发生
被压在下面不能动弹
这时 与生命相连的是
可保存五年的食品
随手可得

向东京都市民免费发放的黄书——
《东京防灾》

避難所

遇上地震与大火
电梯停用怎么办
特别避难楼梯
将发挥逃生的作用
那平时的管理
就不能怠慢

灾害时
到处都是避难所
从学校到超市
这里的细节是
学校绝对坚固
超市绝对坚固
公民馆建筑绝对坚固

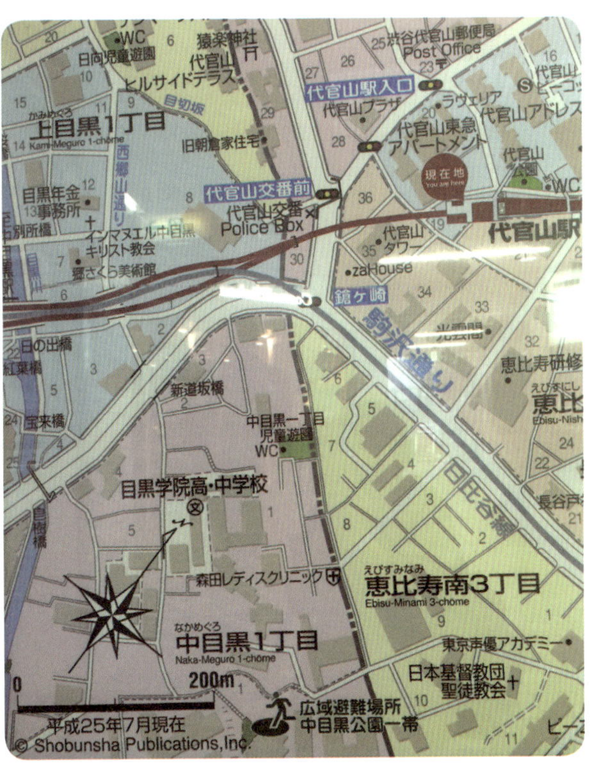

我还是喜欢

东京

走在马路上

遇上紧急事态

不要慌张

电线杆上一定有

避难场所指示图

你看

连一家小小的料理店

都将避难器具的标示

悬挂在最醒目处

只要是二楼以上的公寓阳台
都有一个铁盖状的避难器具
一旦发生火灾等灾害
打开盖子　放下绳梯
就可以逃生至楼下人家的阳台上

在日本
公寓的阳台上都用一块板与邻屋相隔
间隔板上总会醒目写上：
遇上紧急事态
击破这块板可到邻屋避难
请不要在板下堆积货物
你看　日本人的防灾意识有多强
这也表明这块板不可能太结实
否则击破不了
反过来表明
日本的治安是让人放心的

非常の際には，ここを破って
隣戸へ避難出来ます
この附近に物を置かないで下さい

每个车站都有
AED 心脏复苏装置
这里的细节是
写明了电池的寿命
2014 年 9 月 17 日之后的四年间

防灾

看，出租车右边的小贴条
防灾用品
是啊，万一地震袭来
困在车内
该如何好呢
至少要有水喝吧

遇上震度为 6 级以上大地震

教你如何行动

从小就培养

儿童的消防意识

你看　画面上的消防车

心中喜爱的消防叔叔

笔触虽稚嫩

但什么叫消防

有了可感知的形象

可不　还获得了京桥地区

消防署长的大奖

消火栓

笔直的大街
最先映入眼帘的
是那高高的 圆圆的 红红的
三个字 消火栓
表明这里有消防龙头

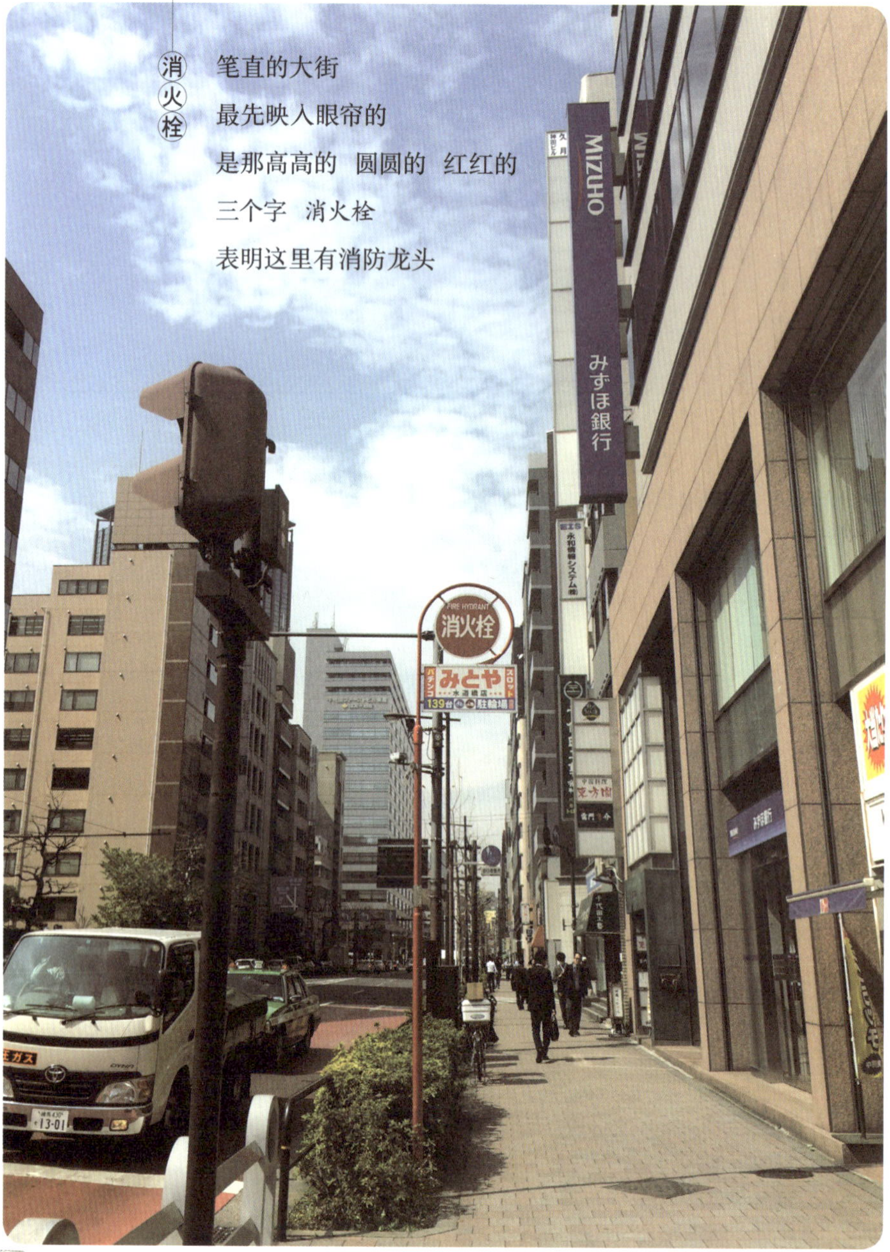

我还是喜欢
东京

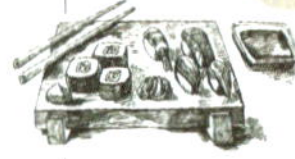

世界上做得最好的料理模型

- 夏夜的料亭，木屐踏过板桥的声音。
- 门外的雨滴哗哗地淋在油纸伞上。
- 掠过夕月的雁叫，还有那温柔含笑的一回头。
- 难忘的润物细无声，下次一定再来喝。
- 这人性的小木屋，有清泉有草坪。

日本料理店门前的橱窗

摆放着各种美味料理

其逼真度好像就是厨师新鲜出锅

端上桌面的非常可口的料理

其实不然

这些全是料理模型

料理の模型

在蜡和明胶上面

用画笔上色画出图案

如此的栩栩如生

表明这个民族一定是注重细节的民族

料理模型

世界上做得最好的就是日本

这是一家墨西哥料理

特色在装饰的细节中

装饰的细节又将特色

紧紧地拉住了客人的脚步

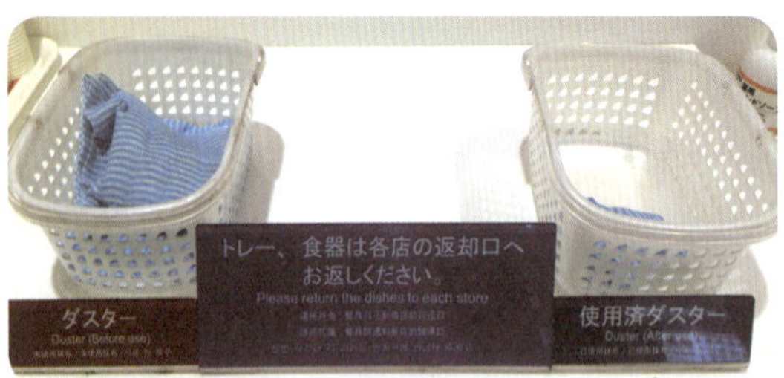

未使用的抹布和已使用的抹布
分二个塑料筐放
日本人不会拿错
更不会放错

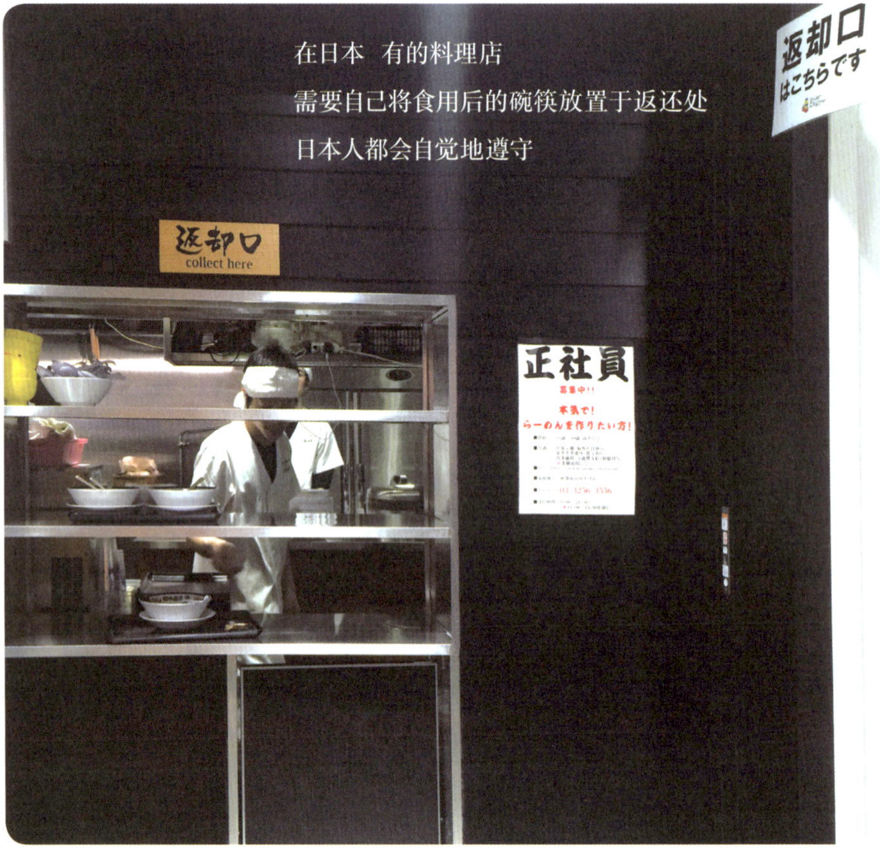

在日本 有的料理店
需要自己将食用后的碗筷放置于返还处
日本人都会自觉地遵守

炊飯器かまど

有的料理店吃套餐可以自己加饭

这是电饭锅台

左面是保温瓶　中间是电饭锅　右面是饭勺

锅台上没有一颗饭粒

更没有脏兮兮的感觉

而饭勺放置于冰块桶内

使饭勺不至于粘米粒

锅台的左下方是干净的茶碗

供客人使用

我还是喜欢

东京

日本的自来水

拧开龙头就可以饮用

这是日本人的一大福气

这在世界上少有

一次性纸杯整齐地堆放

没有人会浪费

ラーメン

这碗拉面的前方有一枚紫菜

紫菜上用多国文字写上“谢谢”二字

这是料理店老板发自内心的话语

和食料理

注目的是一次性筷子

插在纸套中

用完餐的客人

再将筷子插入纸套中

完璧归赵

有时也是一种礼仪

食券販売機

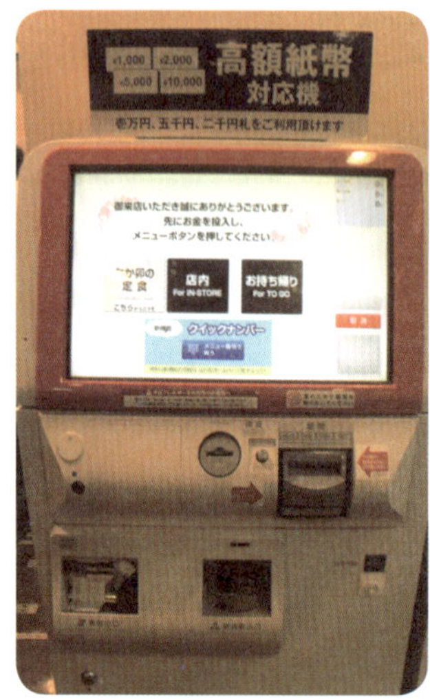

日本许多面店

都在店门前设置食券贩卖机

纸币和硬币　甚至连一卡通也能使用

有的店还设置了高额纸币机

一万日元　五千日元　两千日元

贩卖机可以自动找零

绝不会少找也不会多找

这就是日本技术

暖かい簾

日本料理与布帘

布帘挂起　多少风情随风生

若隐若现　在幽暗与光明之间

在沉静与动态之间

小小的布帘

其实就是日本风味的细节再现

什么是料理的春夏秋冬?

日本人自有考量

你看　与之对应的是四盘小料理

有趣的是如何对号入座呢?

那就是各人的思量了

最大的公约数就是为了人

人性化设计的细节

- 穿着和服与洁白蕾丝的曼妙背影，
  回眸一笑，竟然是清酒一瓶。

- 白是所有颜色的合成，又是所有颜色的缺失。
  既是空无，又是所有。

- 一匹从来没有赢过的马，为何能赢得日本人的心？

- 小心翼翼地拆开，每一层包装纸都舍不得丢弃。

時の記念日

这几张图片的一个共同特点
是都有一个醒目的时钟挂在醒目之处
你看　在站内atre商场的问讯处
在店铺　在大厦的招牌处
甚至在厕所的墙边
都挂有时钟
这是守时的伦理精神在起作用
日本人上班不迟到
会客不早到　列车准点到　商店准时关
都是守时观念的体现
日本铁路公司的电车只要晚到30秒
车内必定播放道歉广播
而新干线的到达和出发时刻是以15秒为单位设定的
再一查历史
原来日本人还远在大正时期
就设立了时间纪念日（每年6月6日）
日本人的时间观念已经成为一种默认的社会准则
谁不遵守这个准则
你就是这个社会的“外人”
日本到处都挂有时钟
一方面是人性化设计细节的显现
另一方面就是守时准则的细节化

TOHO CINEMAS
TOHO CINEMAS
イントゥ・ザ・ウッズ
12
SEIKO
松竹 丸の内 ピカデリー1
本年度
アカデミー賞
6部門ノミネート!
米軍史上最多、160人を射殺した、ひとりの優しい父親。
アメリカン・スナイパー

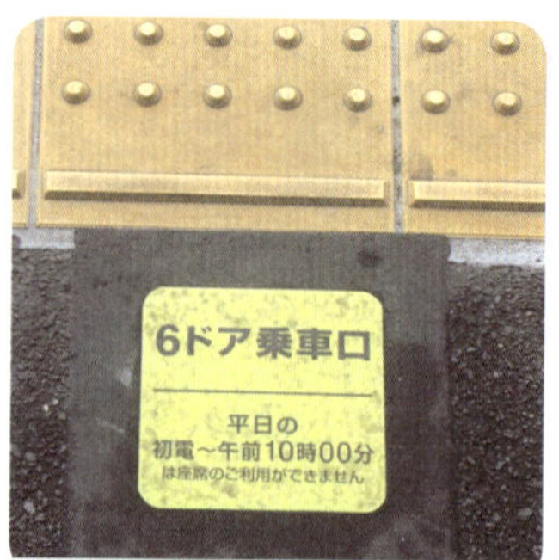

乗車口

6号车门的乘车口

黄色的小方块里还用文字提示乘客:

周一至周五从始发车到上午10点为止

车厢内的坐席是翻起不能坐的

原来电车上班拥挤

日本人将座椅设计成可以翻上去的样式

这样就能腾出空间

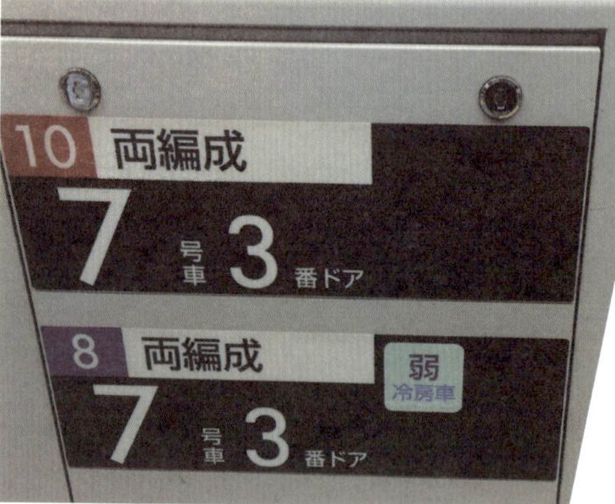

在站台上等电车到来

地上写着4号车厢　弱冷房

这就考虑了不同人群的需要

如果你嫌其他车厢冷气太足

你就可以选择4号车厢

这里冷气相对弱一些

弱冷や

日本人信息的公开性意识很强

你看　这里写着

由10节车厢编成的7号车第三个车门

和由8节车厢编成的7号车第三个车门

并标明这节车厢是弱冷房车

日本人将由几节车厢编成的信息都讲给你听

这是因为你是乘客　你有知情权

而且还将这种知情权用触目皆是的方式表现出来

真可谓人性化的设计

優先席

这里是6号车乘车口优先座席的位置
只要你在这里候车
就能最先坐上优先座席位
这就为行动不便的老人
怀抱婴儿的母亲提供了方便

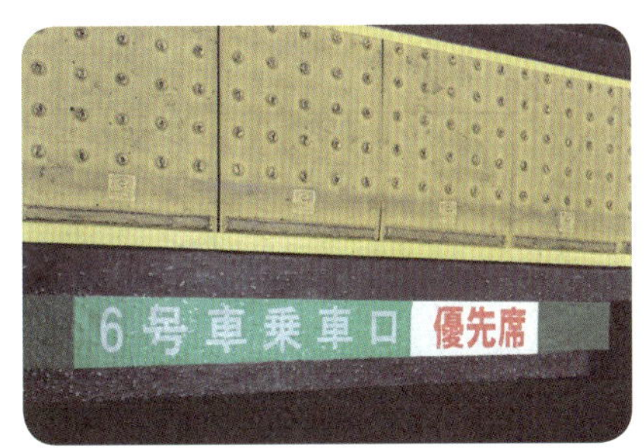

人性化标示的最好体现
残疾人的候车都有事先的预留
当然还有一双双脚印
提示着排队从这里开始

在美术馆博物馆和纪念馆众多的上野公园内
如何能在最快的时间内找到自己要去的目的地　也确实会让参观者犯愁
好在作为主办方的日本人　总会在地面上贴上大圆设计图
将场馆标示得一目了然　使你不绕道不走冤枉路
也使得主办方的细心给你留下深刻的印象

走在马路上要找寻一个公共设施 如医院等

也不用担心

总会有指示牌指引你

不绕道而迅速到达目的地

真是对不起了 请在这里排队

一双脚印一个箭头

紧随后面还有一双脚印

这就将日本人听话意识

转换成了一种带有人情味的设计

看了令人生趣的同时

也滋生出对日本人人性设计的铭感

エレベーター

总是把利用率最多的公共设施
标示得最为醒目
于是在商场 在大厦
费心标示得最多的就是电梯
你看 “里面有电梯 请利用”几个字
就横在人们的眼前

我还是喜欢
东京

在车站 在大商场
这些标示总是跟随着你
停车场 厕所 儿童厕所
电梯 自动扶梯
婴儿尿布替换室 婴儿休息室
当然不可缺少的是
盲人用厕触摸图案也在醒目之处

案内图

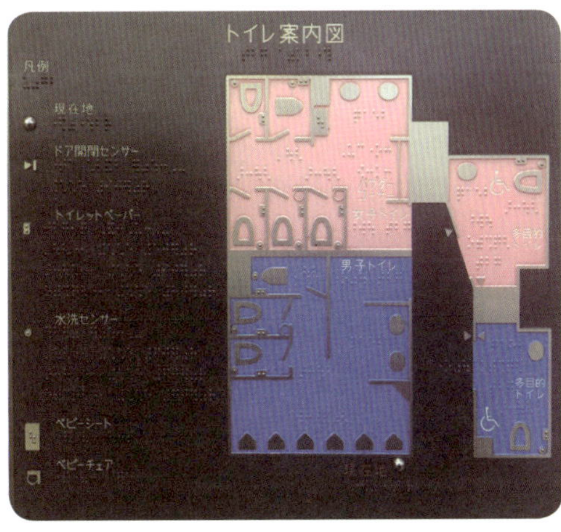

邮便箱

大小不一 形状各异的邮筒

发售各种带“萌”的小玩意

给人以邮局也卡哇伊的感觉

邮局里设有客人意见箱
日本人将其设计成一个邮筒
客人往里面投信即可
左边是意见卡片供填写

放大镜供需要者使用

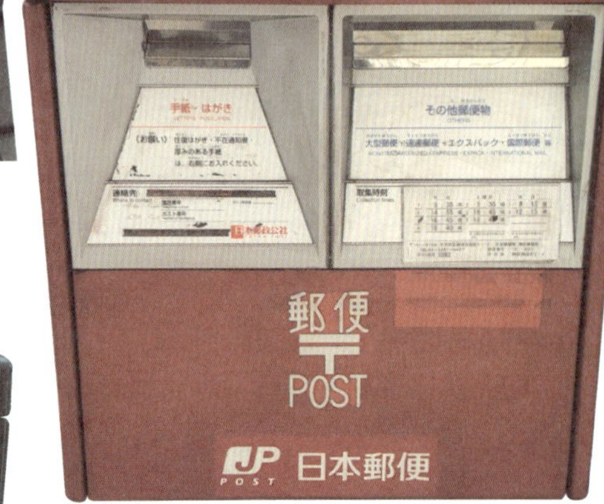

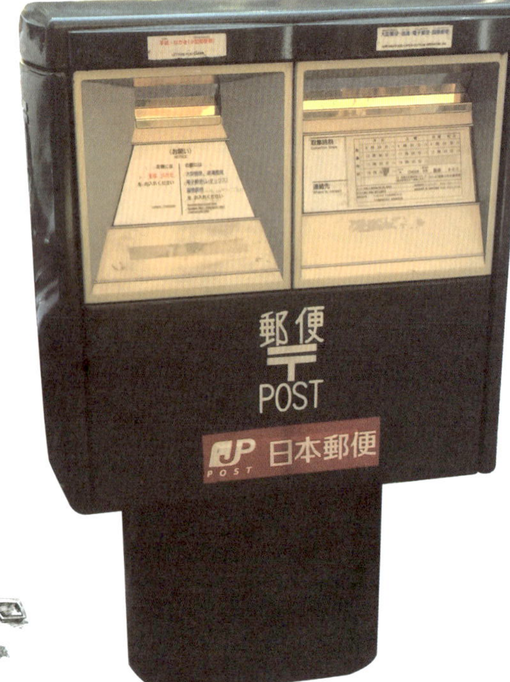

日本邮筒的颜色绝大多数为红色

这是在1908年正式决定的

之前也有黑色等各种颜色

但最终启用红色

一方面是为了学习英国

另一方面是铁质的红色邮筒

能醒目地缓解当时夜间灯光昏暗的问题

可见在100多年前

日本人就注意到了邮筒颜色的细节

当然现在还有些黑色 白色 绿色等其他颜色

那都是在玩感觉

你看 这个白色的邮筒配有黑眼镜 多可爱

而黑色则具有庄重的质感

作为人性化设计的一环

日本的邮筒 一般分两个投递口

右边口投递大型邮件

左边口投递信件和明信片

而收取的时间表就贴在邮筒上

邮车会严格按时来收取

日本最大的邮筒位于东京都小平市

高2.8米 通体红色 筒身类似茶叶罐

上部有一个学生帽檐形状的投信口

故小平市素有“圆形邮筒城”之称

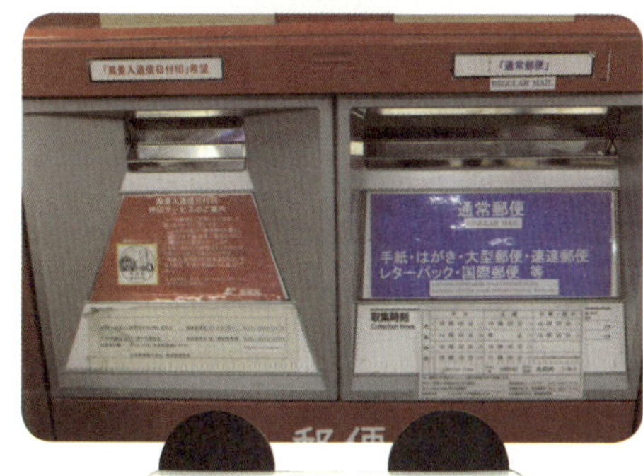

麻布十番的油炸小脆物
袋纸的颜色真是五彩缤纷
包装设计也各有不同
令人眼花缭乱

令人爱不释手的包装

包装纸

各种色彩的绸带和包装纸

日本人用它折叠出千千结

其中渗出的还是细节之魂

车站内的自动贩卖机

右边是饮料咖啡贩卖机

左边是当天各种报纸贩卖机

最上面是《朝日新闻》和《日刊体育》的样张

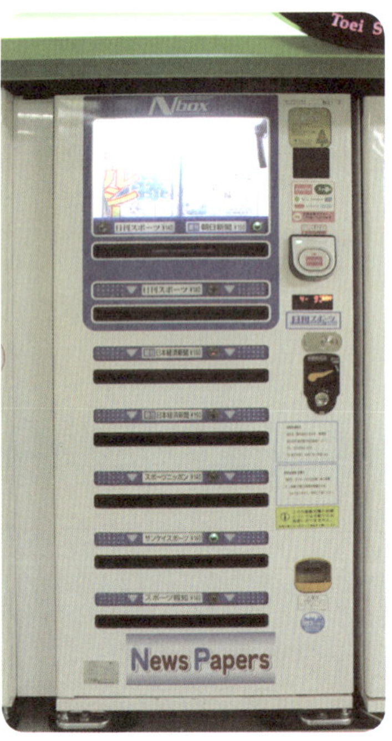

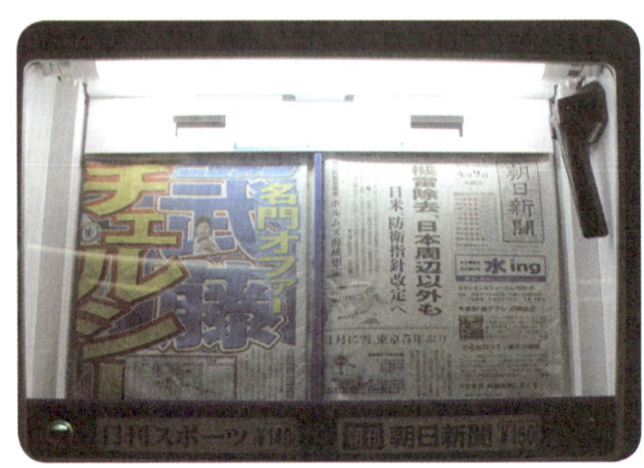

我还是喜欢

东京

自動販売機

各种大同小异的饮料自动贩卖机
都带有一个瓶罐回收箱

コインロッカー

在日本 各个车站 商场等公共地方
都设有各种投币式寄存箱
依据行李的大小不一
价格都在300日元至500日元
非常的方便也非常的安全

我还是喜欢

东京

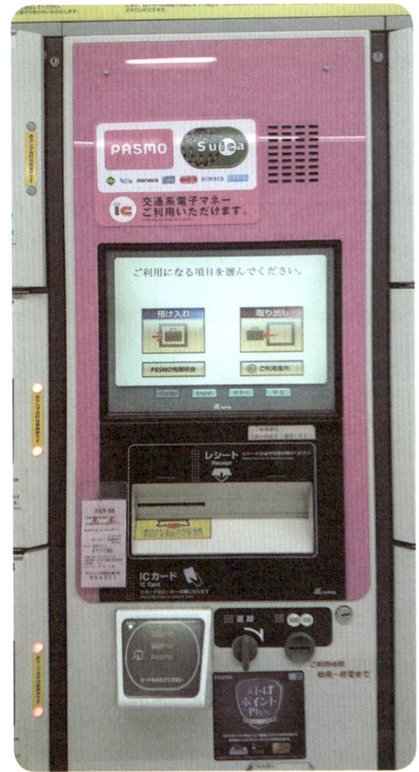

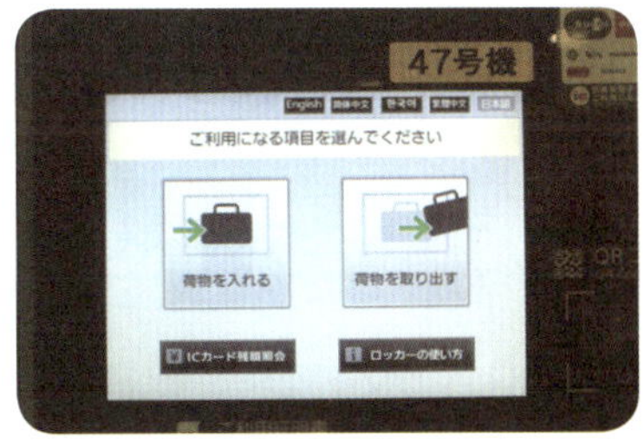

寄存箱使用说明

输入了简繁体中文　英文　韩文等语种

现金的话可用纸币和硬币

还可用交通卡支付

非常的人性化

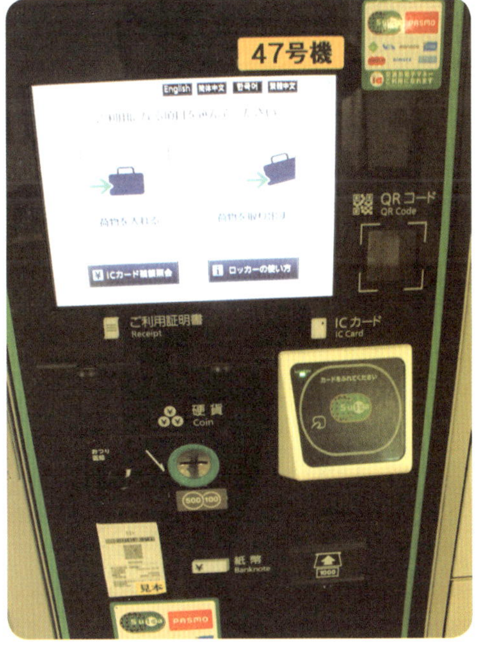

ロッカー検索

这是 JR 东京车站的寄存箱的检索机器

机器的上端会显示

整个东京车站寄存箱的方位

只要触碰一下

就能知道是否有空箱

技术加人性化

令人惊叹

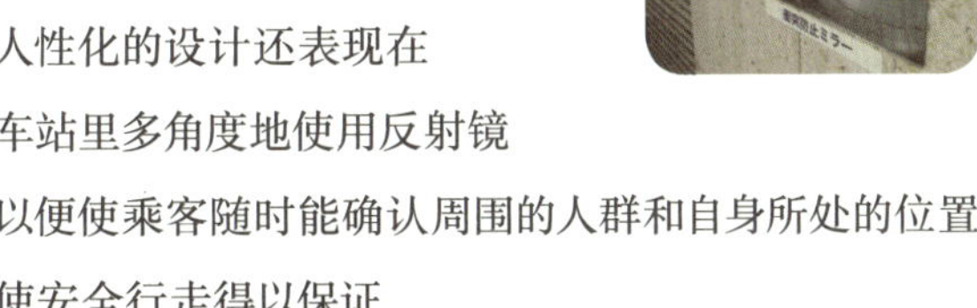

人性化的设计还表现在

车站里多角度地使用反射镜

以便使乘客随时能确认周围的人群和自身所处的位置

使安全行走得以保证

B5
PAGEM

テチョウ

日本人将小小的记事本

称为“手帐”（テチョウ）

日本可以在很多方面被称为大国

其中一个就是手帐的大国

手帐的种类之全 样式之全 功用之全

在世界上恐怕没有第二

日本人万事都有计划性

万事守时为最大

也就养成了日本人每年必须要有一本手帐

每天必须要在手帐上记点什么的良好习惯

年末年初

日本的书店和文具店卖得最好的就是手帐

手帐的人文设计和老少皆用

使得手帐成了一种文化

为了方便使用 除了封套多变

手账的内芯设计也是多样化

有的是方眼纸 中规中矩 适合中学生使用

有的是圣经纸 薄薄的纸质 适合公务员使用

还有的是时下流行的文库本

还很贴心地设计了夹链

这大概适合时尚之人使用吧

寻找过去的自己最好的办法就是记日记

日本人都有记日记的习惯

而书店销售的日记本有3年、5年和10年连用本

纸张为中性纸

日記

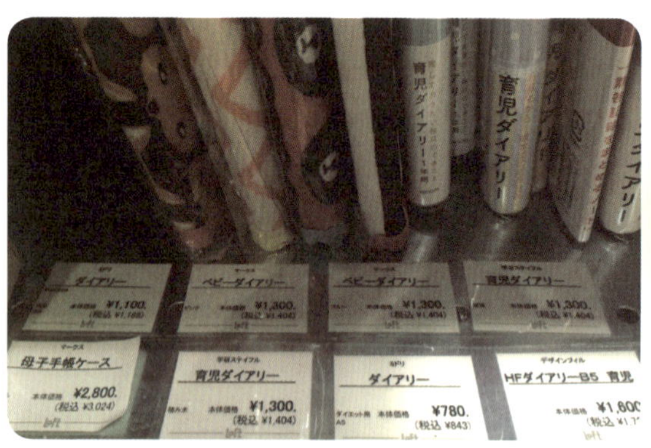

除了成人日记本之外

日本的书店和文具店

还销售种类繁多的育儿日记本

婴儿日记本

此外还有各种分门别类的记事本

如血压记事本　基础体温记事本　注重身体记事本

三个月减肥记事本　备忘记事本　互送礼物记事本

与人交往记事本等等

文书大国的文书本设计

堪称世界一流

家計簿

日本人的家计薄

如何使用 是一门学问

是否越趋简易 是一种技术

从油盐酱醋到水电煤

再到看病交际教育 无所不记

家庭主妇必须会 丈夫最好也要学

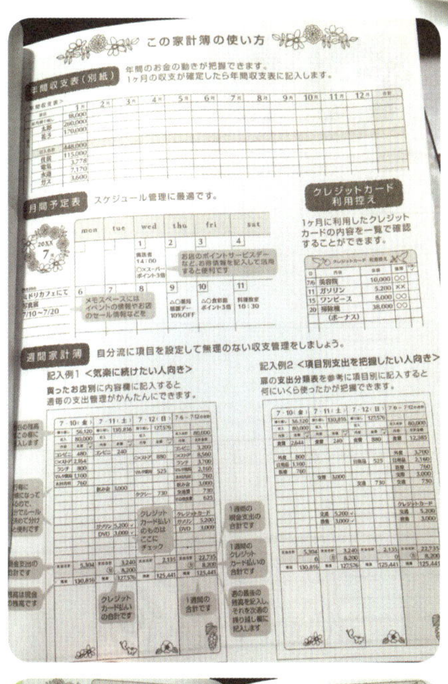

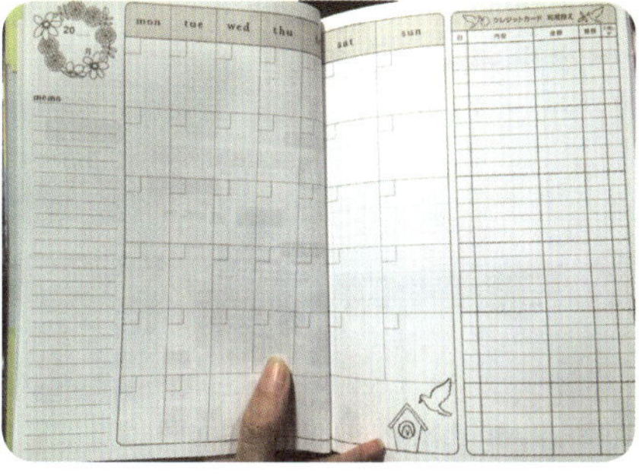

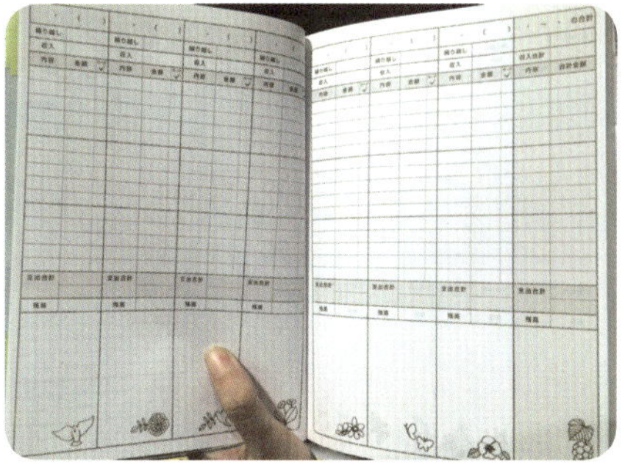

履歴書

日本人有履历书情结

这是身分认同意识和集团意识在起作用

在书店文具店或者在便利店

都有不同样式的履历书

放置在最显眼处

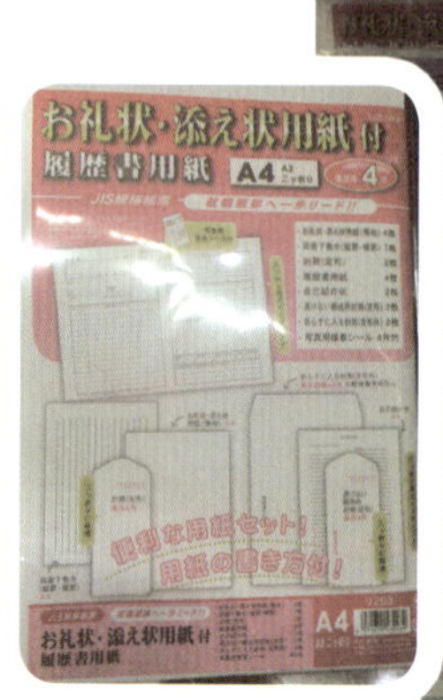

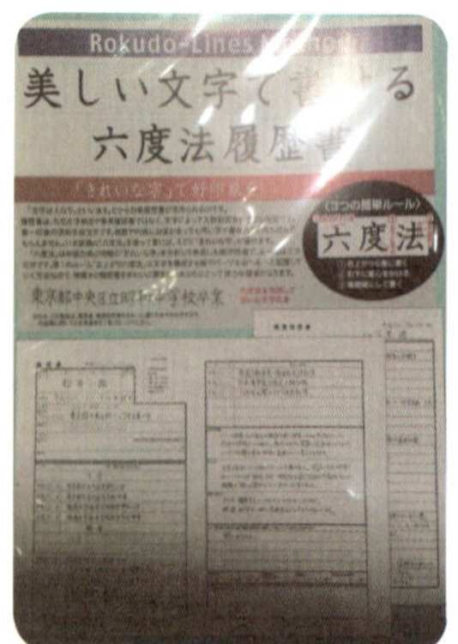

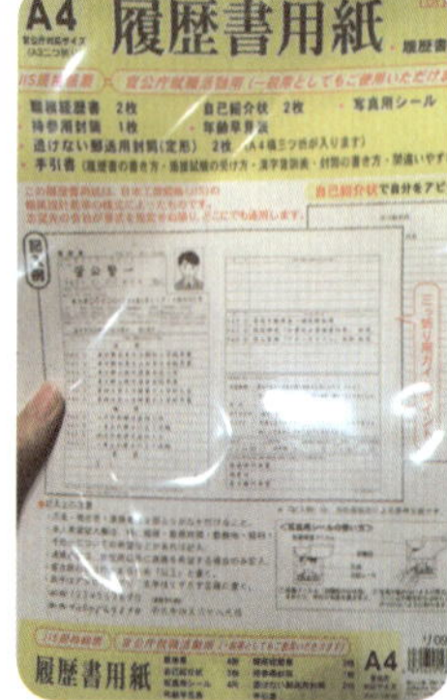

教你如何书写履历书

甚至还教你如何用美丽的文字

书写履历书

这样做的目的就是一个

尽可能将最好的自我呈现在他人面前

使自己取得成功

日用雜貨

人性化设计的日用小商品

生活中的惊喜会在这里发现

使用起来总是那样的方便与称心

造型 色彩 功用 包装

已经精细到了哪怕是最细微的部位

隐身 贴切 知心

这是否就是物品的最高境界

须臾不能离开

却感觉不到其存在

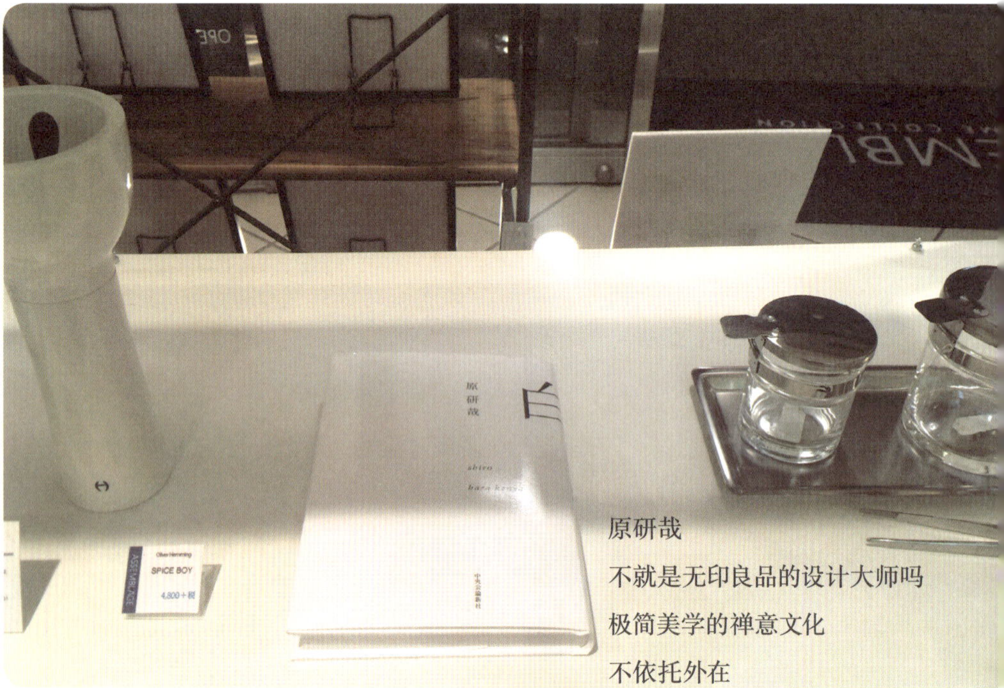

原研哉

不就是无印良品的设计大师吗

极简美学的禅意文化

不依托外在

追求无需修饰 直指本源

就如同直指人心一样

—— 一种无法抗拒的美

书店　幽暗

但有照亮书名的柔和灯光

从喧闹的外部进入

会有一个反差

会有一个沉静

书店的设计者要的就是这个效果

因为毕竟是在阅读文字与神对话

週間ランキング

每周排行榜

分三类　文库类　经济类　综合类

好的书店总是让你在第一时间获取最大的信息量

也总是让你在第一时间买走最为畅销的书

这与人性化的设计有关

当然也与利润的最大化有关

合理化的布局

目的就是一个

让读者在最快的时间内

找寻到自己要买的书

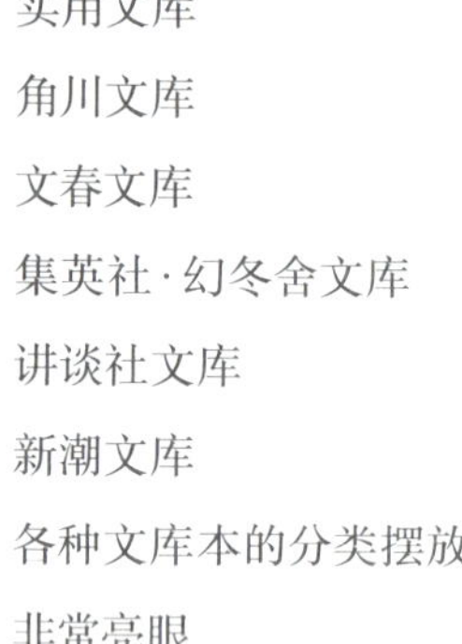

实用文库

角川文库

文春文库

集英社·幻冬舍文库

讲谈社文库

新潮文库

各种文库本的分类摆放

非常亮眼

有世界第一古书店美称的

东京神保町书店街

就像伦敦的查令十字街

威尔士书城小镇海伊

巴黎的塞纳河畔的小书摊一样

都是古旧书收藏者的圣地

这是放置在店外人行道上的书架

供顾客取阅选购

琳琅满目的书籍摆放得错落有致

使整条街更显情趣盎然

早上店开门拉开布帘

晚上关店拉上布帘即可

夜半没有小偷　也没有恶作剧者

当你站在旧书店街的街头

你才知道

何为震撼

何为细节

我还是喜欢

东京

古書店

规模达 160 多家的古旧书店
每家都有每家的特色
这是最大的生存之道
如老字号一诚堂书店
定位于文科和西洋二手书
它的珍本图书是
规模达到 351 册的《日本史料》
定价 1200 万日元
而经营日本及其东亚古籍方面的书
非丛文阁莫属
此外
东阳堂书店的宗教学
大屋书房的浮世绘
南洋堂的建筑书籍
朝日书林的近代文学
文库川村的文库本
内山书店和东方书店的中国书籍
丸沼书屋的法律书
西泽书店的漫画书
令人目眩的文化品牌一家接一家

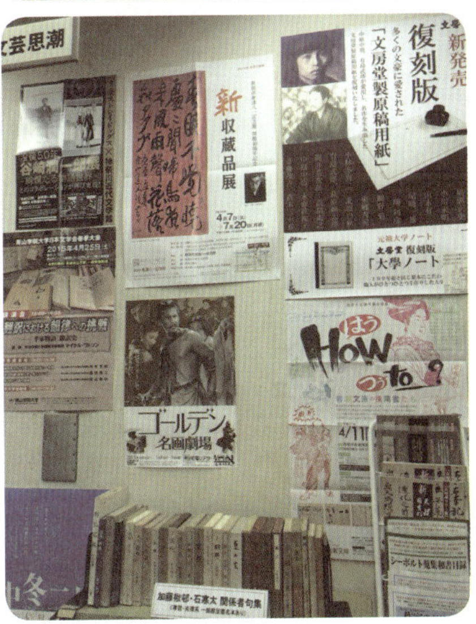

我还是喜欢

东京

神保町古旧书店还有很多线装本书
在这里书虫会有许多意想不到的发现

这是一套分门别类的讲谈社学术文库丛书
好像永远也收不全
好像永远有遗漏本
神保町旧书店也是抓住这一看点
推出不齐全的文库丛书
但读者需要哪一本
书店老板会帮你寻找
会与读者一起等待
这也是神保町书店迷醉人的地方

都是与中国文化有关的古旧书

右上角的一套4卷本《中国绘画史》

要价12万日元

一套多卷本《故宫书宝》

挂牌49000日元

一套《中国历代书法名迹全集》

为69000日元

反正各取所需

对于需要者价格不是问题

曾经有个统计

日本人平均每年每人阅读40本10万字的书

这其中就包含了大量理科方面的书

日本人科技创新一流

创造发明一流

当然与神保町的理科旧书的齐全大有关系

代代传承　在这里不会沦为一句空话

知识的衔接　在这里不会就此断裂

原子分子物理学 ハンドブック
市川行和 大谷俊介 [編集]
統計分布 ハンドブック
増補版
蓑谷千凰彦 [著]
数理統計 ハンドブック
蓑谷千凰彦 著
発行 みみずく舎
発売 医学評論社
統計学辞典
脳科学と倫理と法
B・ガーランド編
神経倫理学入門
みすず書房

ルベーグ積分超入門
関数解析や数理ファイナンス理解のために
共立講座 21世紀の数学 1 微分積分
共立講座 21世紀の数学 2 線形代数
共立講座 21世紀の数学 3 線形代数と群
共立講座 21世紀の数学 4 距離空間と位相構造
共立講座 21世紀の数学 6 多様体
共立講座 21世紀の数学 9 代数と数論の基礎
共立講座 21世紀の数学 10 ルベーグ積分から確率論
共立講座 21世紀の数学 11 常微分方程式と解析力学
共立講座 21世紀の数学 13 最適化の数学
共立講座 21世紀の数学 14 統計 第2版
共立講座 21世紀の数学 16 ヒルベルト空間と量子力学
共立講座 21世紀の数学 18 平面曲線の幾何
共立講座 21世紀の数学 19 代数多様体論
共立講座 21世紀の数学 21 リーマンゼータ函数と保型波動
共立講座 21世紀の数学 22 ディラック作用素の指数定理
共立講座 21世紀の数学 23 幾何学的トポロジー
共立講座 21世紀の数学 24 超幾何関数
共立講座 21世紀の数学 25 非線形偏微分方程式
共立講座 21世紀の数学 27 確率微分方程式
共立講座 21世紀の数学 28 量子力学のスペクトル理論
レクチャー結び目理論
積分方程式 逆問題の視点から
離散凸解析
可積分系の機能数理
ウェーブレット

在日本

人性化的设计到处都可寻觅

制作的旅行小册子

也将旅游者的需求细化为条条旅游线路

一年四季　小册子都会有不同的变化

于是在旅行门市店门口

总有色彩缤纷的小册子夺人眼球

ホテルの客室

宾馆客房的设计

集梦幻与童话于一体

没有理由不喜欢

没有理由下次不再来

日本的酒文化也是用细节堆出来的

你看　清酒的名字多有诗意

月桂冠　日出盛　月之桂　玉乃光

黄樱　松竹梅　京姬

这些用于奉纳的清酒　常见于神社

在日华人大家谈

李长声

旅日华人作家，日本出版文化史研究专家，腾讯·大家专栏作者。曾任《日本文学》杂志副主编。

中国人与日本人为什么谈不拢？

1980年代兴起出国潮，当我这个东北汉子随大流来到日本时，似乎大街小巷净是福建人、上海人。身处异邦，异邦中还有个异乡。曾问过一位上海朋友，上海人跟日本人有什么不同，他说：日本人精细，上海人精明。为人都很精，但日本人精于细。老舍在《四世同堂》中写道："在大处，日本人没有独创的哲学、文艺、音乐、图画与科学，所以也就没有远见与高深的思想。在小事情上，他们却心细如发，捉老鼠也用捉大象的力量与心计。小事情与小算盘作得周到详密，使他们像猴子拿虱子似的，拿到一个便满心欢喜。因此,他们忘了大事,没有理想,一天到晚苦心焦虑地捉虱子。”从此稍加留意,便随处见识日本的细节。至于上海人怎么精明,毕竟在日本,终于没多少机会领略,只是听说些成功故事。

细节呈现国民性。例如乘自动扶梯,这在中国也早已是一个日常,并且制定着规矩,例如靠一侧站,留出一侧给人行走。其实,这样乘用恰恰易造成事故。乘电梯一直没规矩。在日本,电梯来了大家赶快上,但不是争先恐后,蜂拥而上,下电梯时,站在按键旁边的人不会扬长而去,而是按住键,让其他人先下,自己最后一个出电梯。中国人似乎从不考虑这样的细节,没有人按键关照大家。上电梯时抢着上,很有点一万年太久只争朝夕的劲头儿,下电梯时抢着下,落后就要挨打似的。

所谓国民性,积习而成,说高了就是教养或修养。有文化不等于有教养。曾遇见几个访日者,文质彬彬,显然在中国都不是普通人,站在电梯口你推我让,你先请、你先请,拉拉扯扯挡住别人上电梯。这种让领导先走的修养到了日本就不免令人讨厌。他们乘电梯也谦让,被让的人赶紧一边道谢一边上,以免耽误事。倘若你掉了东西,日本人不仅招呼,还会弯腰捡起来交给你。你道一声谢,各走各的路。若走在中国大街上,被人叫一声:

哥们儿，掉东西了。你刚要道谢，他却还有话：掉了东西都不知道，傻了吧你。你只好尴尬地笑笑。不料，有的人多话饶舌，竟没完没了，直到你尽失感谢之心，甚至被惹烦惹恼惹怒，好事变成了坏事。

美在细节。日本大男人也迷恋小东西。走进文具店，真无愧于我们古人创造的琳琅满目这个词。常说日本人善于改造，言外有不善于创造之讥。所谓改造，工夫就下在细节上，越做越细。例如“和纸”，夸它的人越来越多，乃至被列入世界文化遗产，没听说中国网民像跟韩国人争夺端午节那样跟日本人争夺造纸发明权，莫非自知早不如人家。

我们也注意细节，往往更强调细节的含义，不拘小节甚至是不同凡响的高格调，而日本关注的是细节本身。做工也很细，但这种细每每是做给皇上。什么东西一旦做得好就会被皇家垄断，老百姓生活的定义是粗糙。日本人拿来人家的好东西，拿到生活里，生活也仿佛艺术化。

细节是质量。成都东站有中国银行的贵宾休息室，桌子上摆着Wi-Fi密码，却怎么也上不去，问一个漂亮得不会笑的服务员，说：全都小写。我不禁像鬼子进村，暗骂了一声。就这么一张纸，都不能换上正确的写法。从北京国际机场起飞，说是关闭了一条跑道，等待起飞的飞机排起了长龙，景象够壮观。幸而坐的是日本飞机，椅背电视直到落地还播映，看完了两部电影，加一个片头。中国飞机上也有电视，但起飞好久也不亮，离降落远远就漆黑。

日本人用心于细节，中国人看见就撇嘴，说他们死性，而中国人最大的本事就是在细节上耍小聪明。遇见红灯，日本人老老实实站着等，而我们绞尽脑汁闯过去。计较细节，也是中国人跟日本人谈不拢的原因之一。我们好整数，像食品保质期一样1年或6个月，好不容易在包装上找到生产日期，还得自己算哪天过期。即便是承认南京大屠杀的日本学者也总是跟中国人争执到底死了多少人。

不过，有时也觉得日本细到了无聊的地步。例如女人上厕所，用模拟器模拟流水声，遮掩胯下尿流鸣溅溅，听说当今手机也有此功能。想到他们还男女混浴，并用来招揽游客，这个羞耻心真令人匪夷所思。

蒋　丰

旅日社评作家，《日本新华侨报》总编辑，《人民日报海外版》日本月刊总编辑，北京大学历史系客座研究员。

日本的春运与孕妇出租车

日本是一个适合慢慢品味的国家，而真正了解这个国家，你需要花上很长时间，从它的每一个细节上入手，体会它的独特之处。

比如，日本的春运。是的，日本也有“春运”！由于日本的户口制度是只登记管理，不限制自由移动，很多乡镇年轻人在选择考大学、就业、出嫁时，流动性非常强，往往都集在三大“都市圈”。每年8月盂兰盆节前后和元旦前后，就是这三大都市圈的居民集体返乡、回城的高峰期。日本将这种大规模迁徙叫做“归省高峰”，乍听起来，好像《红楼梦》的“元春归省”一样。

为应对“春运”时期的交通堵塞，日本也是没少想办法。就拿日本的新干线来说，日本新干线车票没有实名制，从网站、窗口都可以订到车票，分普通车厢自由席（非对号入座席）、普通车厢指定席（对号入座席）、软座车厢指定席三种。指定席可以在订票时自由选择靠窗还是靠过道的座位，购买软座车厢指定席的乘客，如果不小心错过了车次，也一样可以凭票乘车，乘务员还会再给安排一个座位。

日本“春运”期间车次较多，中间间隔在5分钟到15分钟左右。但即便如此，上座率最高时能达到150%。普通车厢自由席里没有座位的人，都会站在自由席的车厢过道上等待他人中途下车，由于过道上人满为患，车上乘务员都无法推着小货车在自由席车厢里兜售便当和饮料等。即便如此，也没有乘客在洗手间前和吸烟室门口站着又或席地而坐，也没有人大声喧哗，更没有人溜进指定席的车厢里，去混个座位。让人不得不佩服日本人的耐力和自制力。如此安全、安静、安心的乘车环境，即便是赶上“春运”也不闹心了。

再比如孕妇出租车。在日本，孕妇只有在临产时出现母子健康问题才会呼叫急救车，一般都会选择叫出租车前往医院。而日本出租车在这种关键时刻，绝对不允许掉链子，会安全及时地将孕妇送往医院。而这都得益于日本社会完善的“孕妇专用出租车”服务体系。

日本各地出租车公司大多提供“孕妇专用出租车”服务，宗旨是“安全、安心、零差错”。孕妇可以提前通过网站、电话、传真、邮寄等方式，向出租车公司提交姓名、住址、家人电话、预产期、预定医院等信息。公司依次为每个孕妇建立档案，并规划出最快的接送路线。

因为各个时间段交通流量不同，出租车公司还会根据拥堵状况，规划出不同时段的不同路线。孕妇拨打的电话也是专用号码，365天24小时随时有人立刻应对，确保不会出现占线情况。

给孕妇提供服务的出租车是专用出租车。车内准备了专用的防水产妇垫等各种应急用品，导航器里也提前设定了最佳行驶路线，产妇只需要报出自己的姓名，司机就会安全送达，不用产妇一边“哎呀、哎呀”地喊痛，一边还要艰难地看着窗外指示“左拐、右拐”的。当然，“孕妇出租车”司机也经过了专门的培训。他们事先都参加了孕产科医师讲授的孕产妇救助、生命急救等系统课程，通过严格考试后才成为“孕妇出租车”司机的。一些司机甚至还专门学习过孕妇心理学等课程。

至于“孕妇专用出租车”的费用，出租车公司也不会漫天要价。即使孕妇的羊水破裂弄脏了出租车，也不需要支付清洗费用。车费按照正常打车标准收取，而且可以出院后再支付给出租车公司。简单说，就是先坐车，等孕妇情况稳定后再收钱，而且没有半点所谓的服务费。

而从2010年日本“孕妇专用出租车”服务全面推开之后，正常生产的孕妇拨打急救电话的情况基本消失，极大缓解了救护车供不应求的问题。2013年2月，东京消防厅还特别为提供“孕妇专用出租车”服务的公司颁发了感谢状，以表彰他们作出的贡献。该厅负责人表示，这项服务让救护车和救护员能够腾出手来，随时对应其他急病患者的需求。

莫邦富

旅日华人作家、经济评论家，日本诸多主流媒体专栏作者。1995年起任东京大都会电视台（MXTV）节目审议会委员。

震撼于反写的"救急"二字

日本是个非常注意细节的国家，在日本生活久了，每个外国人都会从日常生活中轻而易举地发现许多日本注重细节的实际例子。

比如，有一位在充电器公司工作的朋友，今年6月在微信上记叙了他女儿端午节那天去东京一家医院慰问医护人员时的见闻。微信中写道："救护车前面的文字倒写，是日本医院发明的，以便前面汽车的反光镜里显示的文字是正写的。"说的是他女儿在医院里看到救护车时的发现。

众所周知，救护车出动抢救患者时，是分秒必争的。这一反写的“救急”2字，使得行驶在救护车前面的其他车辆可以及时从反光镜中看清文字，迅速做出让出车道的判断。可以说，这反写的“救急”二字是为了保证救护车在大城市拥挤的道路上能够畅行无阻，争得那宝贵的分分秒秒的一种匠心独具的创造。尽管这是一个小得不起眼的举措，但又是一个事关人命不容小觑的发明。顺便提一句，在日本呼叫救护车是免费的，最长15分钟之内救护车就能赶到病人所在之处。这一时间统计的背后也有那反写的“救急”二字的功劳吧。

恰好在我看到这段微信的那天，我和妻子去外面吃饭。天下着蒙蒙细雨，一个才上小学模样的小女孩撑着一把花雨伞走在

我前面。小女孩手中的花雨伞引起了我的注意。那把花雨伞上有2个伞格的伞布却是用透明的白塑料布做成的。这种设计有点破坏了花雨伞的整体美感，却能保证个子小小的小女孩撑伞走路时视线不受雨伞阻隔地看清前面的路况，避免和熙熙攘攘的来往行人及自行车发生碰撞。

这种生活中的举手之劳所带来的便利和舒适，实际上不是只有日本人和日本社会才可独享的专利，不论哪个国家哪个社会，只要有不辞举手之劳的意愿都可以轻而易举地在日常生活中做到这一切。然而，为什么在日本社会举目皆是的这种细节之美在其他国家却往往会成为一种奢侈呢？个中道理确实值得人们深思。

这类设计我想也可以归入我们常说的“人性化设计”那个部类吧。我认为，在实现“人性化设计”之前，我们首先需要有一颗愿意过细的体谅人、关心人、热爱人的热心。大凡生活中感动人的细节设计，都是有了这颗热心才能得以实现的。如果说日本是个细节取胜的社会，我想也可以理解为那是个靠细心体谅人、关心人、热爱人来推动周围进步和前进的社会。

张　石

日本《中文导报》副主编，资深媒体人，腾讯·大家专栏作者。

报纸、纸杯、手纸和纸巾

纸，在日常生活中是不可缺少的，写字要用纸，看书、看报也是与纸打交道，包装要用包装纸，保持清洁要用手纸……在中国的时候，无论接触纸或在日常生活中使用纸，都没感到这里会有学问，有细节，还有礼节和风度，但是到日本之后，我才发现日本人在日常生活中使用纸或纸制品时，真的有很大学问和很多细节，更包含礼仪和美感。

日本的电车在通勤时间段里，是非常拥挤的，有时甚至需要车站里的工作人员拼着力气把塞在车门口的人往里推，才能关上车门。日本人的通勤时间通常又是很长的，上下班在电车上消耗2~3个小时是很平常的事。为了打发，或者说不浪费这大段的时间，日本人几乎每个人都有在车上读书、看报的习惯（现在看手机的多了起来）。

在拥挤的电车上，看书还说得过去，但是翻开版面颇大的报纸，就会影响到他人，引起他人的不快。因此一般的日本人为了在电车上看报，都练就了一种技巧，他们会从各种角度折叠报纸，把报纸折叠得如同一本32开的小书一般大小，既不会给他人添麻烦，又不影响自己阅读，其“折叠法”的巧妙和迅速令人“叹为观止”，我至今都没有学会，由于这个细节不过硬，直到现在我也不大在电车上看报纸。

在现在的消费文化中，纸杯的使用很普及。而在日本，纸杯的使用也是很有学问和“细节之美”的。听一个作者对我说，她的丈夫是一个普通的日本人，也是一个很守规矩的人，平时的礼貌人情不用说，就是在扔垃圾时，也非常仔细认真。在他用纸杯喝完饮料时，一定要用清水把杯子冲洗干净后再扔掉。问他为什么？他说残留下来的糖液等会产生一些腐败物质，这样会污染环境。听了这话之后我很惊讶，他对自然环境如此细致入微的关怀也令我感动，原来日本如此亮丽美好的自然环境，就来自这些无数充满关怀的细致入微的手。

手纸的使用，更能体现出日本人的“细节之美”。在日本，厕所除了是排泄场所外，更是舒适的人性空间和审美空间。普通日本人的家庭及公共场所的厕所里，一般都会摆上假花或鲜花，有的还会挂上名画，而手纸的使用，更令人折服。日本无论公共厕所还是家庭用厕所，一般都备有手纸，而日本人无论在什么地方，在如厕使用手纸后，一般都把自己使用过的手纸接口处，折叠成美丽的三角形，在某些商业设施中,还会由工作人员折叠成美丽的仙鹤形。他们这样做，只是希望下一个上厕所的人有一个好心情。

我曾在一家日本公司里认识一位日本大学生，那天他在这家公司打日工。下工时，他从纸巾盒里抽出一张纸巾用。一般来说，日本成盒的纸巾抽出一张后，第二张会自动跟出来，后面一个人再用时会很方便。但那时盒里的纸巾所剩无几，第二张纸巾没能跟出来，如再有人用纸巾，就要到盒子里去掏。这时这个大学生已走到门前，但他又回了一下头，望了一下纸巾盒，发现了第二张纸巾没能跟出来，他急忙走了回来，从盒里抽出下一张纸巾，并把这张纸巾做了一个较优美的形状，然后安心地走了。刹那间，我觉得很感动，也许这只是日常生活中的习惯和细节，也许他只想到下一个人的便利，但我却从这种对后来者的连绵不断的细腻的关怀中，看到了一种“可接续性”的审美意识或曰道德意识在生活中的渗透，看到了日本人对未来深切的责任感和温柔的祝福。

刘 柠

旅日华人学者、作家，腾讯·大家专栏作者。

“日本流”的细节及其构造

西谚云：“魔鬼在细节中”（the devil is in the details）。如果以此为标准来审视东洋社会的话，日本简直堪称“魔鬼国度”。因为，它充满了细节，或者说它本身就是形形色色、林林总总细节的总和。

前两天，微信上流传一个视频，说的是国内某机场，飞机靠港后，工作人员如何从行李车往传送带上运送旅客托运行李的事：俩工作人员与其说是在搬运，不如说是在练习投掷。联想到自己每每从国外旅行回家后的头一件事，就是用各种工具敲打、修理被摔瘪了角的行李箱的遭遇，不禁齿冷。而机场的行李传送带，正是国人见证日本细节的头一幕：工作人员不仅轻拿轻放，而且会把行李箱在传送带上放平排好，把手一律朝外，以方便旅客领取。过了终点尚未被领取者，会被从传送带上拿下来，集中摆放在旁边一个专用区域。传送带的上下落差和拐角处，必有专人负责照看，确保行李箱不至从高处跌落，或在拐角处被挤压。如万一发生行李箱破损等事态，航空公司负责把箱子送到原品牌的维修店修复；无法修复者，则会照购买时的发票价格赔付。诸如此类的情景，在日本稀松平常，从来没人大惊小怪，但却成了"感动中国"的第一幕。

从机场乘电车进城，随着国人的脚步踏进东京、大阪、京都等都会，或四国、北海道、冲绳的乡下，他的感动会越来越浓密。不要说初至东瀛的海外旅行者会"友邦惊诧"，有时，连我们这种早年在日本生活过，至今每年仍会跑几趟的主儿，面对某些细节，都禁不住心驰神往。如我曾在一本书中写过，在纪伊国屋等书店购书，如遇雨——你进店之后外面下起了小雨——的话，结账时，店员一准会问你要不要给书做一个防雨包装。然后，就从柜台下面抽出一枚底部开了口的塑料袋，反过来套在手提纸袋上，提手刚好从塑料袋的开口处伸出来。起初，我很奇怪：店员怎么知道外面下雨了呢，况且是很小的毛毛雨？后来才晓得，原来外面一下雨，店堂的背景音乐便会改变旋律，甭管店员在哪个角落，无论离店堂的大门和窗子有多远，都可以随时掌握天气的变化，并及时为书客提供防雨包装的服务。如此温馨的细节，有如隐蔽的游戏，按既定的规则层层展开，悄无声息，瞬间切换，无缝对接，也真由不得你不感动。

那么，诸如此类无远弗届、无微不至的“日本流”细节究竟是如何生发的，其创意的机制与构造到底是怎样的呢？大体说来，窃以为主要有两个方面：

一是消费者权利主体意识：消费者在消费的过程中，所发生的一切都与消费行为有关。他们的任何感受、需要包括不适，都会得到奉“顾客是上帝”为圭臬的商家第一时间的应对。而商家自身，也有成为消费者的时候，懂得换位思考，设身处地，为消费者的利益着想。如此，消费者的需求，便成了催生细节的动力。诸如国内常见的买一瓶矿泉水，却怎么也拧不开盖子，动辄伤及手指出血的现象，绝少发生。二是社会的良性竞争，良币驱除劣币，而不是相反。如此，才能让好的文化变得越来越好、越来越完善，坏的风习失去生存的土壤，自生自灭。而且，日本是一个商业极其发达、竞争相当残酷的社会，产品的质量和价格高度透明，利润空间其实有限，商家唯有从提高服务品质，令消费者舒心上下功夫，才能立于不败之地。于是，细节丛生，且一切向消费者倾斜。

说到此，我想强调的一点是：商业与商业化是两码事。当下中国发展很快，经济过热，可谓相当商业化。但商业化之下，恰恰暴露了其商业不够发达的一面。而一个真正发达的商业社会，一定是一个以消费者权利为主体的环境。非如此，旨在服务于消费者的种种细节便缺乏生发的动力，无从产生。如数年前，一纸行政命令，中国各大城市的超市一律取消了为消费者免费提供购物塑料袋的服务，美其名曰“保护环境”。“保护环境”固然是好事，但商家却把购物袋的成本转嫁到了消费者头上，这显然是反消费者权利主体的举措。结果呢？环境是更好了，还是恶化了？大家有目共睹。日本所有商家都免费提供购物袋。但在结账时，店员一般会问购物者是否需要塑料袋，而不是一厢情愿地取消，并转嫁成本。我相信，在日本这种商业真正发达的社会，如此简单粗暴的做法是难以想象的。

再举一例，还是在超市。日本超市，无论大小，在收银台前面，必设有一排“整理台”，供购物者拾掇财物。我在北京的超市购物，每每痛感无整理台之不便：过收银台须排队，为了不耽误后面顾客的时间，总是匆匆付款走人。但出了收银台之后，往往想再仔细整理一下所购之物，却苦于无处置放，地面又很脏……

凡此种种，可以说都是机制上的不足，甚至缺失。而缺失，恰恰是细节赖以产生的源动力。但发生的前提，仍系于上述两点：消费者权利主体和社会的良性竞争。除此之外，还应该强调的一点是：上述机制并不仅限于消费者和商家之间。各级政府、公共机构与普通纳税人之间，也构成类似的互动关系。当然，在日本，民选政府和纳税人的关系，其实与商家和消费者的关系颇类似，这一层就无需展开了吧。

唐辛子

旅日华人作家、评论家，腾讯·大家专栏作者。

神就居住在细节之处

通常，我们将星系、宇宙这些物质世界称为宏观世界，将人类日常生活所接触的世界称为中观世界。但对于大和民族而言，在他们的日常生活精神当中，似乎还多出一个世界。那就是“微观世界”。这种“微观世界”的存在，令大和民族拥有敏感的神经与纤细的思维。这种敏感与纤细，令日本人显得比其他国家的人多出一份挑剔与拘泥。从性情来说，挑剔与拘泥未见得是件好事，因为它会培养人的顽固、排斥、自闭、苛刻、不近情理。但当这种挑剔与拘泥，被运用到工作中或某种创造当中时，它就闪闪发光起来，转化为一种令人感服的、追求极致的细节主义。在当下的中文语境里，我们将其称为“匠人精神”。而匠人精神的骨髓，便是对每一个细节都追求一种近乎苛刻的完美。

不过，对于“细节”二字，各人的理解角度是不一样的。现代中国社会，流行说“细节决定成败”又或是“细节决定一切”，虽然两句话的最后两个字有点不一样，但都是指的“成败”。“成败”才是追求细节的动力，才是取舍细节的价值标杆。这一点，日本社会自然也不例外。但是，对于日本匠人而言，拘泥细节却并不因为“成败”，而是因为“神は細部に宿り給う”。这句话直译成中文，即为“神就居住在细节之处”——因为有神居住在细节的部分，不将细节处理好，就是对神的不敬，就是对神的冒犯。所以，日本匠人干活精益求精，即使对于微小的隐蔽之处，也丝毫不敢敷衍搪塞，不敢偷工减料。因为既然“神就居住在细节之处”，即使人眼无法看见，但神眼却会看见。怎敢怠慢？又怎能怠慢？

其实“神就居住在细节之处”这句话，是日本人使用拿来主义获得的一道“心灵鸡汤”。英文原文写作“God is in the detail”。这句并非日本人原创的格言，所表达的精神世界，与日本人传统的神道信仰，以及日本的匠人思维正好不谋而合，因此被日本人拿来使用并发扬光大。“神就居住在细节之处”这句话的另一种解释，还指所有伟大的事物，都是由无数个微小的瞬间（也即微小的细节）所串联起来的，是无数细节的完美组合。在这里，“神”所指的是每一个单纯的、微小的瞬间（细节）——在这些微小之中，蕴藏着不可测的神秘的潜力。因此，当将这些微小的瞬间（细节）一点点累计起来，串成瞬间复瞬间、细节复细节的巨大连锁时，便会产生出令人震撼的巨大力量，达到一种美的极致。

关于这一点，日本传统的建筑思维方式是最好的例子。据说，日本江户时代的匠人建房子，并不像现在这样事前画好设计图纸，而是从日式推门的拉手这样微小的零部件开始入手的：拉手做好之后做推门，推门做好之后做橱柜。如此这般，点点滴滴，倾尽心力布置出整个一间房之后，才会根据第一间房的设计样式，继续思考第二间房该如何着手。换言之，日本传统的建筑方式，是从细节开始逐步完善的，是从部分到全局的过程。与欧美国家先计划整体、再完善细节的思维模式正好相反。这种传统的日本思维方式，乍一听可能会令人感觉缺乏宏观布局，但当整体完成之后，却发现并非如此：那些日式建筑不仅匠心独具，就连每个细节部分的设计也各具特色，无微不至，令人由衷赞叹。

这种传统匠人的思维方式，就是在现代日本也从来没有过时。例如中国人都耳熟能详的动漫大师宫崎骏。吉卜力工作室的负责人、宫崎骏多年来的老搭档铃木敏夫，就曾这样谈及宫崎骏的动漫创作：宫崎骏的动漫作品，通常是从细节部分开始着手的。比如：宫崎骏会从发型、服装开始，先设计出漫画主人公造型，然后再画出主人公身边的伙伴们，然后再设计对白与台词…… 如此逐步展开，一部部令人过目难忘的宫崎骏电影，便这样被创作出来。

所以，难怪有位日本学者曾说："日本是个在宏观上示弱、在微观上示强的民族。"这样的民族性情，令他们并不一上场就亮出宏大蓝图显示自己的能干与强大，而是从微观入手，着眼于细节，在不断调和的过程中，一环紧扣一环地实现连他们自己也难以预料的全局观。

亦　夫

旅日华人作家。

打蜡作业中的强风、中风、微风

旅日多年，我总是被问及这样的问题：以你的经验，日本人最让人感到震惊的特质是什么？关于邻邦的话题，无论正面的还是负面的，都早已经成了老生常谈，还有什么事说出来能令人震惊？于是我常常会纠正对方的提问，对他们说：日本人的特质我不明白，我倒是可以告诉你一件令我惊讶、以至于时隔十多年仍不能忘怀的一件小事。

那是我刚去日本不久的一个周末，语言不通、地生人疏，便破例去附近一家图书馆靠读有限的一点中文馆藏消磨时光。说是读书，其实目光很难落在那些古旧的文字上，更多的时间都是用来好奇地打量，打量这个当时对我来说尚新鲜陌生的异域、尚不可捉摸的番人。很快，我被前来对过道进行清洗作业的三个工人所吸引，目睹了他们作业的全部流程，而这件对任何人而言都微不足道的小事，当时却让我深感震惊：清洁工先是对通道进行分隔，留出可供读者通过的部分，并在预留过道两侧各竖起一块牌子，上面标有“清洗作业，添扰请谅”的字样和一个低头鞠躬的卡通人物，然后开始清洗线绳另一侧的通道。

三个年轻的清洁工动作快速准确，忙而不乱：他们先是将清洗目标的边界用一种塑料制品围起来，形成一个浅浅的池状，然后将数种清洁液和水按比例融合，倒入池内清洗，用清水冲洗三遍，撤掉围圈，再打蜡三遍。让我深感震惊的，并不是繁复的流程本身，而是在每一个流程中清洁工们恪守流程标准时一丝不苟的态度。在三遍打蜡的每一个过程，工人们都严格地执行着强风、中风、微风各几分钟的标准，两个工人在两端操作烘干机，另一个则一眼不眨地盯着腕上的手表，然后发出命令……我当时的感觉其实是不可思议，甚至觉得有些可笑：日本人做事认真到了古板和迂腐的地步，打蜡这么简单的破事，都正经得跟制造导弹似的。但随着我对越来越多的日本人了解的加深，自己当初的不屑却越来越转化为了一种发自肺腑的敬佩。在我看来，这是日本人最让我感到震惊的一种特质，在无论什么工作中都严格恪守标准，绝不会有半点含糊和随意。

之所以对如此一件小事记忆深长，因为我觉得它改变了我做事为人的风格，使我从一个“凡事大概齐”、不讲细节、不拘形式的人，渐渐变得越来越严格和较真。对于这种改变，周围的友人们褒贬不一，有人夸我变得严谨细致了，也有人批我变得古板守旧了。但于我这个长期奔波于中日两地之间的旅人而言，对过去粗疏性格的修正，无疑是一种有益的调整。

万景路

旅日华人专栏作家，腾讯·大家专栏作者。

利己宜人，这让我们没脾气

随着国人大批地涌入日本旅游、购物，对日本细节服务的啧啧之声也就不绝于耳。是的，日本的细节服务处处让人感受到温馨、亲切，就犹如润物细无声般的沁人心脾。但这只是国人观光看到的表象细节服务，而实际上，日本人重视细节却绝不仅仅是只体现在服务方面，而是包括生活、工作、人际关系等诸方面全方位都做到身体力行。

让我们先从工作方面来看，日本公司一般都有为员工举行欢迎会、欢送会的习惯，甚至有的公司还在员工妻子生日时送上一份心意，以感谢正是因为有了妻子在后面默默的支持，员工才能安心为公司作贡献。如此细节上的关怀，自然而然就使得员工对公司有了一种归属感、使命感，产生主人翁意识，这些又反馈回公司，那就是为企业创造出品质更高工艺更精的产品。正是这样的细节互动，才使得日本制造享誉世界，从而最终验证细节真的能决定成败。

在日本，一般和式居酒屋都是进店脱鞋存柜。入席后，把携带的行李放入桌下或身后的专用竹筐，服务员冰水奉上，消毒湿毛巾（夏季是凉冰冰的湿毛巾，冬季是热乎乎的湿毛巾）奉上，手净口润后，按铃点菜开喝，一切都从细节上做到让客人在触手可及的范围内舒爽地吃喝。但真正让笔者感佩的是当客人酒足饭饱要穿鞋打道回府时，你会发现，服务员已经把你的鞋子头朝外并排摆放在脱鞋处了。这一切都似乎发生在不经意间，但仔细想来，记住你的鞋子，然后在客人走时把它头朝外摆好，让客人只是伸下脚就可以了，这貌似简单的小事儿，却让客人感受到的是那种润物细无声的细节服务带来的心情愉悦。试问，如此如居家般方便的酒馆，敢不再来喝乎？

日本洗手间的人性化我们已知道很多了，在此想再说说洗手间的附属设施。一般超市等公共女用洗手间都会在墙壁上安装一个可以收放的婴儿用床，目的是为了给婴儿换尿不湿用，现在有些男洗手间也开始有了。即使无须换尿不湿，为了让大人能如厕方便，一般也会在墙角安装一个固定的婴儿用椅子。不仅洗手间单间内门后有挂钩用以挂衣物，男性洗手间在小便池前面还有台面用以放置行李，小便池侧还置有专门放置雨伞的环套或挂钩，以便让男士们可以舒适地方便。总之，日本的洗手间早已进化成为真正的“方便”之处，人们不仅仅在此解决后“股”之忧，还在此解决了诸如补妆、为婴儿换尿不湿等真正的后顾之忧。

除去上述这些，在日本的工作生活中，让我们能够感受到的细节服务还有很多。比如看见有人照相，行人都会主动停下来等候。再比如在车站前、公园里看到鸽子、猫儿等在那儿优哉游哉地觅食溜达，过路人都会选择悄悄地绕路而行，这种与动物和谐共处的细节让我们感受到日本人的温馨与友善。我们在日本商店买任何食品，都会发现附有详细的产地、保质期以及使用说明，而且图文并茂，看着就像在听解说员为你深入浅出地讲解般。曾经买过苍蝇拍，却惊奇地发现，苍蝇拍把上还连着一个装苍蝇的小盒子。购后那是真心为日本人的细节服务点赞。

日本对细节的重视之例，可以说是俯拾皆是。最近两年国人涌入日本旅游购物，难道你不认为那是润物细无声的细节服务在其中居功至伟吗？尽管我们在享受日本那些人性化的细节服务的同时，受益最大的可是日本，但是人家是在宜人的同时利己，这让我们没脾气。

吴 鹏

旅日华人摄影艺术家。

从一件小事看诚信细节

自己在日本的家里，电视电话和网络都是用J：COM公司（Jupiter TelecommunicationsCo., Ltd是日本一家大型有线电视、电话和网络公司）。前些日子J：COM公司的职员来电话，问我是否可以为他们的有线电视客户服务状况调查填写一张调查表。同时说明如果我同意填写的话，他们会给协助填写调查表的人一张1000日元图书券作为谢礼。

这个调查表需要全家人都参加填写。因此需要向对方说明家里有几个人？是成人还是儿童。最后我同意参与调查。于是告诉了对方家庭成员的构成。J：COM公司的人连声道谢，还说给我添这么大的麻烦，谢礼的金额很少，非常对不起我。

当时我只觉得这公司怎么那么啰嗦。几天以后，一个大信封出现在信箱里。打开一看，里面有全家人份数的空白调查表，还有全家人份数的装谢礼用的封袋。一开始奇怪怎么会有这种谢礼封袋在里面。打开一看，每一个里面都装着一张1000日元的图书券。那一瞬，很有些惊讶。

这惊讶不是金额。而是按我的想象，这图书券应该是我在交出那调查表之后才寄给我的。而现在，我还没有动手填写，那公司已经将谢礼送上。如果我改变主意不愿帮忙了，或忙得忘记填写了，这公司在我这里不就白白损失几千日元么？J：COM公司是日本数一数二的大公司，客户几百万。据说这次调查向每一个客户都发出了询问。如果其中有1%的人在拿到谢礼后食言，或者干脆就是谎报人数吃空饷，然后不回答，这公司该有多大的损失？但这家公司还是这么做了。

仔细想来，这种做法当然是这家公司对客户诚意的表示。但同时也表明在日本，人与人之间的诚信度还是相当高的。正因为如此，才使得这种做法在日本相当流行。而对这种做法感到惊讶的我们，则表明中国人的习惯思维在作怪。这也是现在中国社会

（包括在海外华人中间）诚信丧失而养成的一种心理上的条件反射。想到这一点，会有一种当年鲁迅小说中所写到的好像“要榨出皮袍下面藏着的‘小来’”的那种感觉。还真有那么一种无奈和伤感。

对人给予的诚信，也要以诚信回报。于是我们家早早地将那调查表填写完，寄给了J：COM公司。

施 敏

日本千叶商科大学国际教养学部副教授。

两个小时重温三个细节

数周前编辑小赵来日本出差时顺访了母校。我在研究室里见到背着专业照相机的小赵推门而入，颇感意外。便寒暄道："怎么了？什么时候开始改行当起摄影师了？"小赵回答道："我的出差任务是在一周内完成有关日本细节的五千张拍摄。对了，老师，您认为日本细节是指什么呢？""日本细节？它渗透在日本的各个方面，涵盖衣食住行的各个领域，其最大的特点是从方便人的生活出发，以人的最佳感受为前提的硬件设计，以及关怀备至的服务精神。"

在日本呆久了，生活中的一切都已是习惯成自然。小赵的有关日本细节的提问，使我重新开始思考习以为常的种种细节。

难得的休息日我送完去补习学校参加考试的女儿，来到了牙科诊所。预约的时间还未到，我就随意地坐在附近的小公园里等候。周六的早上非常安静。过了一会，有几个中年男子各自带着4岁多的孩子，走进公园。他们麻利地开始打扫公园卫生，孩子们有的在帮爸爸的忙，有的则在一边玩耍。“阿姨，我可以擦一下您坐着的椅子吗？”一位拿着抹布的小男孩，稚气地看着我。我赶紧站起来，怪不好意思地向他道谢。后来我才知道日本的小公园，一年四季都是由周边居民们自觉打扫的，家长们一般都会带着孩子参与，让他们从小就有个劳动和整洁环境的意识。

预约的时间到了。我走进了牙科诊所。在日本，无论是美容院还是牙科诊所，在洗发和清洗牙齿时，都会给客人的眼部遮上一块轻柔的纱布，以免灯光照射引起不适，当然也为了避免四目相对时的尴尬。30分钟的洗牙和治疗结束了，在护士的微笑目送下，我走出诊所。

天气开始变阴，眼看就要下雨了，我加快脚步走进了车站。在我身边有两个车站工作人员，手上拿着轮椅下车时专用的连接木板，准备迎接坐轮椅乘客的到来。这使我想起朋友给我讲述过的故事。两年前，年近80的父母来日探亲。朋友父亲半身不遂，出门都得坐着轮椅。每逢上下电车，都由车站工作人员拿着垫板来站台准时迎送，下雨时还会送来雨伞。朋友父母离开日本时无比感叹地说：车站工作人员问寒问暖的周到服务，是残障人士自由通行于日本社会的安全保障。电车进站了，坐着轮椅的乘客在工作人员的帮助下，安全地下了车。

不到两个小时，我就重温了三个日本细节，假如要更多地来介绍日本细节的话，可能要花上一年的时间来上一门课。但我认为，日本细节的根本所在却只有一句话，那就是“我为人人，人人为我”。

名校志向塾 供稿

小学教科书中的动漫细节

总所周知，日本是一个以漫画文化闻名的国家，那么他们的小学教科书又是怎样的呢？让我们来看一下。

日本小学共设有国语、英语、社会·地图、算数、理科等十几门课。课程科目繁多，教科书的版本也各地不一。在日本，教科书从编写到出版发行需要四年时间。首先是民间的出版社编写编集后（第一年），由日本文部科学省设置的审议会审查（第二年）。审查合格后，教育委员会以及各国立、私立学校校长选择使用版本（第三年），选定后将会在下一年发放给学生使用。因此，无论是历史还是国语的教科书都有多个版本。

日本小学的科目设置粗粗一看之下与中国的差异不大，但如细看的话却大有不同。日本的教科书分类较细：无论是教写字的、认识动物的还是了解家庭基础的，都各有其专门的教科书。为了方便孩子阅读，教科书还会配上合适的插图，图文并茂地教导孩子系统性地认识世界，了解社会。为了更好地传承传统文化，让孩子在接受现代化科学教育的同时也能融合民族血液，日本的教科书在这方面作了努力。利用通俗易懂的文字和色彩丰富的图画，为孩子介绍古代的名人，从诗词书画中体验传统风情。例如历史教科书中，传统文化的学习占了非常重要的位置。

教科书的内容设置固然很重要，但选择一种能让孩子不枯燥、保持兴趣的学习形式也不容忽视。以动漫闻名的日本，年轻一代是在沁人生活的动漫文化中长大的，孩子更是天性地喜欢色彩丰富、内容趣味的动漫。如何利用这一点让

孩子更好地接受知识？日本教科书为这个世界性的课题作出了优秀的答案。日本教科书多用色彩明快、简单明了的精致插画，图文并茂地传递知识，针对不同年龄段的孩子还会作适当的变化，非常讲究用心。即使是成人，打开日本教科书也能感受到浓浓的童趣与细致用心的和式风情。把民族特性与优点融入到日常学习中，让下一代自然而然地传承传统文化，也许这就是日本教科书最大的特点。

细腻之处见真章

赵斌玮

我曾经在东京留学、工作，生活了六个年头。那段时间里几乎走遍了东京的大街小巷，还经常陪同那些来东京旅游的亲朋好友观光东京的名胜和市容。这次有机会重回东京，用相机回眸这个我曾经朝夕相处的城市，真的很想把自己在那里所接触到的、所感受到的点点滴滴倾吐给大家，更确切地说也是自己的一点心得吧，拿出来与大家分享。让我们抛开一切感情因素，客观地去看看这个国家、这个民族与我们有什么不同。

如果你走在东京大街上，你看不到果皮、纸屑之类的垃圾，无论是拥挤的地铁，还是人头攒动的商场，地面都整洁如新。繁忙的马路上听不到一声鸣笛声，人流、车流井然有序，有条不紊地流动着。走在华灯初上的街头，各种居酒屋和咖啡馆飘散着阵阵淡淡的清香，酒店里没有顾客的喧哗和商家的吆喝，路上的行人衣冠洁净，或匆匆而过，或坐下来用餐、沏茶、叙旧。

如果你走过那些小巧玲珑、简洁明快的和式住宅，每家每户门口摆放着的各种造型的盆景，小楼窗前伸展出来的一束小花，客厅、餐厅向着花园打开，让室内成为一个名副其实的“生态园”。

如果你赶上樱花盛开的时节，在上野公园、东京塔下、目黑川河畔等樱花胜地，人们倾巢而出，团团围坐在樱花树下，休闲、奏乐、唱歌，穿和服的日本女孩梳着高高的发髻，脸上涂上淡淡的粉黛，穿梭于樱花丛中，到处充满一种安逸祥和的气氛。

东京真的应该去细细地品味，我常常会在不经意之中，惊叹于日本人在生活细节上的微观思维。对细节的关注，是我在日本生活中印象最为深刻的。所谓的细节，即是那些经常被人忽略、不易引起他人注重的细微之处。在日本东京，从垃圾的分类管理、公益设施的齐全、孩童的启蒙教育到超市购物，无不以人为本，有些便利店的收银台下面都有小小的洗手台，方便顾客买了食物想吃，又苦于无处洗手。再简朴的小餐馆，哪怕只有几张桌子，也一定会配备一两张婴儿椅。在日本公交车上，几乎每个座位都会就近装一个停车按钮，那是告诉司机下一站要下车，直到车停稳后再站起下车，防止车行驶中站起容易摔倒。到了雨天，如果你在百货公司买了东西，营业员会麻利地为你在购物袋的外面套上一个“塑料雨衣”……如此种种，不胜枚举。

日本人很擅长从细小的事物中挖掘出有价值的东西，在细节上去追求完美。从那些不易察觉的细节中，真正考虑到人的需求，让人与人之间的关系更加人性化。所有这些细节，都充满了人文关怀，给别人带来方便，给环境减少危害。这就是日本注重细节的生活哲学。其实，日本人生活中还有更多这样的小细节，都可以如此地打动人的心灵。

我认为，用丰富的主观情感去体察人情的思维传统，用人性化去构思、设计、推广你的创意，就一定能够在平凡中发现非凡，才有可能在事业上成为一个杰出的人才。也许从你发现的每一个细节中，会成为你将来成功的铺垫，会使你在事业上的成功多一分希望。如果你用心地去发现去思索你周围那些平淡谙熟的事物时，你都会有惊喜的收获。

日本人对改善生活的重视和他们身上那种精益求精的精神，那种民族特有的审美观及其对美的寄托，确实是值得我们学习的。他山之石，可以攻玉，我们是借鉴，不是模仿，更不是崇洋。希望大家能够通过对日本民族更深入的了解，从中得到一点启发，造福于我们的子孙后代。

最后，谨感谢那些在此书编写过程中帮助过我的日本友人：金子哲司、桥本直、丸山英幸、土屋秀太郎、须藤美贵、下山一矢等，尤其是恩师藤江俊彦先生，以及曾经与我长期在一起生活的东京校友和同事。以及感谢贲娅娅为每个人设计了卡通形象。

感谢他们的鼓励和大力鼎助，使我能够顺利完成本书的撰写及拍摄工作。

我们只是给你一面镜子

穆 知

为了做好这本书，最初我很是做了一番功课。我在所有能搜的地方都键入了关键词——“日本细节”，然后把跳出来的大大小小的文章都读了一遍。这么做，一是想知道大家在关注日本细节的时候，都在关注哪些具体的点；二是想知道关注日本细节的人多不多，他们关注的触发点和态度又是什么。

读完了大概几百篇相关文章之后，我发现了一个比“关注”更恐怖的答案 —— 感受！千万的普通赴日游客，起初也许根本没想过去关注什么，他们只是想去赏个樱，只是想去泡个汤，只是想去买个电饭煲，只是想去抢个马桶盖。但架不住，每时每刻，被无所不在的细节包围、抚慰、温暖、融化，这种感受实在太美好太强烈了，于是忍不住在各自的游记、攻略甚至微博微信的寥寥几行字里分享了对各种细节的赞美、怀念以及向往。

然后我又去搜了一个关键词——“中国赴日旅游”，跳出来的全是诸如“日媒：中国赴日旅游人数井喷，日本迷越来越多”，

“中国赴日游客激增80%不蹊跷”，“2014赴日外国游客人数再创新高”、“2015年中国赴日旅游人数创新高”，等等等等，标题党们热火朝天。

关系仍旧复杂，情绪依然纠结。但你爱，或者不爱，人数就在那里，蹭蹭蹭涨。

纸上谈兵告一段落。我和斌玮君踏上了全身心“去拍、去采、去感受”的征程。

在上海飞东京的航班上，我看到身边的日本人用餐完毕后把餐具甚至纸巾牙签都复原成餐前的齐整局面后，我偷偷地把自己的餐具也重新整理了一遍。

我看到东京街头也有水泥搅拌车飞驰而过，但车身干净亮堂，红色大字“零事故”如此醒目，我希望我所在的城市，水泥搅拌车不再魔鬼般令人恐惧。

我看到东京的街边也有水果蔬菜店，人来人往。一部婴儿车停在那里，小宝宝在酣睡。年轻的妈妈挑水果去了不见人影。四五分钟后妈妈出来，竟然婴儿还没有被偷走。我希望我所在的城市，人贩子不再是妈妈们的最大噩梦。

我看到东京街头，从公交车站到地铁站口，到闸机，到电梯，到车厢，盲人一路盲道指引，不慌不忙，我希望我所在的城市，残障人士也能从容而尊严。

我看到东京的地铁上，和我们一样埋头看手机的年轻人很多,但纸书的火种星星点点散布,仍然很有光芒。我希望我所在的城市，书也是随处可见的风景。

我还看到在10℃的寒风中光着腿的孩童，自己背着大书包，可爱又坚韧的小模样。我希望我所在的城市，孩子们不再当温室里的花骨朵，个个都蓬勃生长。

……

很多很多，都记录在这本书里。此时此刻，我就是普通游客，我感受到这么多由细节构成的安全、尊严、关爱和温情，这种感受如此强烈，这种幸福如此令人向往，我忍不住想与更多人分享。

在东京回上海的航班上，我被细节充斥的内心持续澎湃、翻腾，而出发的时候想要打造　本讨人喜欢的畅销书的企图，直接就简化成了“我去了我看到了我感受到了我非常向往我想分享给更多人我想让更多人一起向往我想让这种向往拧成一种改变的力量”。就这么单纯，满满的正能量。

当然，做编辑七八年了，第一次有机会尝试自己编一本书，要感谢的人很多。首先感谢我们又有远见又开明的领导，先是不惜一脚把我们踹出国门，跟着各种严厉的温柔的督促，催出了这本书。事实证明，前进的路上，很多时候你需要这种善意的坚定的推动，虽然当下让人抓狂恨不得去死。还要感谢很多可爱的同事，在我卡在某个困境，长久出不来活儿的时候，他们用自己的方式给了我鼓励和宽慰，帮我走过去。也要感谢与我并肩战斗几个月的小伙伴斌玮君，战友是超越各种关系的神存在，希望我们继续携手，生命不息战斗不止。然后，要感谢儒雅的温和的高瘦帅的著名旅日作家姜建强老师，帮助我们设计框架，细化目录，并精心为每张图片配文。姜老师旅日20多年，博学多识，文笔优美，他的鼎力相助，让这本书的细节描述更地道、更客观，也让这本书的文字更美妙，更好读。还要感谢德高望重的李长声老师、英俊潇洒的蒋丰老师，在东京的办公室里帮我们出了很多主意提了很多建议。还有亲自带着我们去街头、去公园、去住宅区、去商场采拍的莫邦富老师，这份真诚和热心，我们感怀于心。最后，有位不点名的同学，希望你能自觉主动地接收到我的谢意，我相信你懂。

说了这么多，遗憾错漏也难免。视角有限，走的路有限，时间有限，拍照技术有限，一本书的容量有限。这不是本完美的书，但一定是本真诚的书。我们希望通过《我还是喜欢东京》这面镜子，理性对比反思，理性爱恨情仇。赞美可以有，向往也可以有。若还能学习、借鉴、改变甚至超越，那就是我们编这本书最大的幸福了。